Heidrun Holzförster

Ziergehölze schneiden leicht gemacht

Kosmos

Blühende Ziersträucher bringen im Frühling Farbe in den Garten.

Kolkwitzie in voller Pracht

Inhalt

Extra

Hainbuchenhecke

Formen durch Schneiden

Schere als Sprache

Bäume und Sträucher wachsen auch ohne Schnitt. Im Garten möchten wir Größe und Form mitbestimmen. Die Schere ist dabei die Sprache zwischen uns und den Pflanzen.

„Sprechen" wir mit der Schere zu den Gehölzen, dann ist Schneiden wie Fragen und Antworten. Sie fragen und das Gehölz antwortet. Unser Schneiden verstehen die Gehölze immer. Sie antworten und reagieren. Wir wissen oft nicht, was wir ihnen über die Schere mitteilen und verstehen dann auch nicht ihre Antwort. Gehölzschnitt ist daher für viele ein Buch mit

Bäume und Sträucher in Herbstfärbung

Im Herbst trägt der Zierapfelbaum schmucke Äpfel.

Forsythie als Stamm gezogen und in Form geschnitten

sieben Siegeln. Im unüberschaubaren Astgewirr wird wahllos herumgeschnitten oder einfach radikal weggeschnitten, in der Hoffnung, dass der Strauch endlich klein bleibt.
In diesem Buch entdecken Sie, was Sie mit Schnitt erreichen können. Sie geben Gehölzen die Form und die Blütenfülle, die Sie sich wünschen. Sie müssen nicht mehr auf das Geratewohl schneiden und das Ergebnis dem Zufall überlassen – der Blauregen wird zuverlässig blühen, der Strauch verkahlt nicht und aus einer Eibe wird eine kunstvolle Formpflanze. Vielleicht erleben Sie mit der Zeit für sich selbst, dass Schneiden und Formen die schönsten und kreativsten Arbeiten im Garten sind.

WAS IST EIGENTLICH WACHSEN?

Wer schneiden möchte, sollte zunächst bewusst auf das Wachsen von Baum und Strauch schauen. Wenn wir „wachsen" sagen, meinen wir in erster Linie, dass der Stamm dicker, der Baum größer, der Ast länger wird. Dahinter verbergen sich zwei Arten von Wachstum:

- Die eine ist, dass sich vorhandene Zellen als Bausteine der Pflanzen einfach ausdehnen und größer werden.
- Die andere Wesensart des Wachsens liegt aber darin, dass sich eine Zelle teilt und damit eine neu entsteht: aus eins mach zwei.

Zellteilung, das eigentliche Wachsen, findet in der Pflanze an verschiedenen Stellen statt. In den Knospen teilen sich Zellen, die im Frühjahr zu neuen Trieben und Blüten auswachsen. Das Kambium, eine Zellschicht unter der Rinde, ist für den Umfang, das Dickenwachstum, zuständig. Es umgibt jeden Zweig, Ast und Stamm wie ein Mantel. Indem es nach innen durch Teilung neue Zellen abgibt, entsteht der Jahresring, der Holzzuwachs eines Jahres. Eine zweite Aufgabe erfüllt das Kambium bei Wunden. Aus ihm heraus wächst der Wundkallus, das sind Zellen, die die Wunden überwallen.

Auch Veredeln wird erst durch das Kambium möglich. Beim Veredeln treffen die Kambien zweier Partner aufeinander. Indem beide Kambien neue Zellen bilden, wachsen beide zusammen. Kambien wirken bei Veredelungen sozusagen als „Bioklebstoff". Die Zellteilung der Wurzeln findet für Dickenwachstum in den Wurzelkambien und für Längenwachstum in den Wurzelspitzen statt. Knospen, Kambien und Wurzelspitzen sind die Stellen, die das eigentliche Wachstum der Gehölze hervorbringen.

WACHSTUM KENNT GESETZE

Ein Gesetz der Gehölze heißt: Alle Zellen sind mit dem gleichen Gewicht oder Druck belastet. Wird Druck oder Gewicht größer, bildet das Kambium vermehrt Zellen. Ein Baum ist am Fuß des Stammes am dicksten. Dort muss das größte Gewicht gleichmäßig auf die Zellen verteilt werden. In größerer Höhe wird die Last kleiner. Weniger Gewicht braucht weniger Zellen und der Stamm wird schmäler. Wird der Stamm innen faul, fehlen Zellen, die tragen helfen. Das Kambium repariert, indem es den Jahresring auf der Höhe der Faulstelle mit mehr Zellen ausstattet. Von außen gesehen wird der Baumstamm um die Faulstelle herum langsam bauchig.

Die rote Tulpenmagnolie blüht an den Zweigenden.

Ein Buchenast ist auf Astring geschnitten, die Wunde überwallt.

Mammutbaum – ideale Form mit geradem Stamm und dominanter Spitze

Das Kambium bekommt an allen Stellen im Gehölz den Befehl, jeweils so viele Zellen auszubilden, dass das Gewicht oder die Last gleichmäßig verteilt ist.

DIE STÄRKE DES AUSTRIEBES

Ein zweites Gesetz lautet: Spitzenknospen eines Zweiges sind gegenüber den tiefer stehenden dominant. Sie treiben als erste aus und bilden die längsten und dicksten Triebe. Alle nachfolgenden Knospen treiben von oben nach unten mit kürzer und flacher werdenden Trieben aus. Stellen Sie sich den Zweig als einen Feuerwehrschlauch vor: Der Wasserstrom des Schlauches trifft die Spitzenknospe ungebremst mit voller Kraft. Folge: Sie muss am stärksten austreiben. Die tiefer sitzenden Knospen stehen schräg. Ankommende Wasserströme werden entsprechend abgeknickt und gebremst. Folglich treiben diese Knospen mit dünneren und kürzeren Zweigen aus.
Senkt sich der Zweig durch das Gewicht von Blüten und Blättern zu einem Bogen, übernehmen die Knospen im Scheitel die Spitzenfunktion und bilden die stärksten Triebe senkrecht aus. Die Knospen vor und nach dem Scheitel treiben schräg mit kürzeren Zweigen aus. Neben der Stärke des Saftstromes bestimmen die Hormone das Wachstum.

WURZEL UND KRONE BILDEN EINE EINHEIT

Je größer die Wurzel, desto größer auch die Krone und umgekehrt. Zwischen beiden besteht ein gegenseitiges Geben und Nehmen. Die Krone versorgt die Wurzel mit Zucker und Stärke, die Wurzel die Krone mit Wasser und Mineralstoffen aus dem Boden.
Ist ein Teil der Wurzel zerstört oder abgeschnitten, wird die Krone schlechter versorgt. Das kann dann auch zum Absterben von Ästen führen. Untersuchungen haben inzwischen sogar gezeigt, dass eine bestimmte Wurzel einen bestimmten Teil der Krone versorgt.
Verkleinern wir die Wurzel z. B. beim Roden und Umpflanzen mit Absicht, müssen wir ebenfalls die Krone einkürzen.
Entfernen wir andererseits in einem eingewachsenen Baum einen Teil der Krone, hat die Wurzel Versorgungskapazitäten frei. Die weggeschnittenen Kronenteile werden deshalb auf schnellstem Wege wieder durch neue Triebe ersetzt. Hatten wir die Absicht, den Baum endlich niedriger zu bekommen, belehrt uns das nun erfolgende starke Wachstum eines Besseren.

Wurzel und Krone bilden eine Einheit. Sie versorgen sich mit Zucker, mit Wasser und mit Nährstoffen. Bestimmte Wurzeln versorgen bestimmte Kronenteile. Entfernt man Kronenäste, sterben im Boden die entsprechenden Wurzeln ab. Entfernt man die Wurzeln, werden die entsprechenden Äste in der Krone unterversorgt und krank.

WIE REAGIEREN GEHÖLZE AUF SCHNITT?

Wir unterscheiden an Baum und Strauch **Langtriebe**, ebenso als Haupttrieb oder Leittrieb bezeichnet, und **Kurztriebe**, die wir auch Seitentriebe oder Seitenverzweigung nennen. Langtriebe brauchen zur Entwicklung eine Wachstumsperiode und tragen bei vielen Gehölzen nur Blätter und Knospen. Kurztriebe wachsen aus den Knospen der Langtriebe heraus. Sie sind bei vielen Gehölzen die Blüten-, Frucht- und Samenträger.
Wie reagieren nun die Gehölze auf Schnitt? Stellen Sie sich einen Langtrieb vor. Bleibt er ungeschnitten, treiben im Frühjahr aus den Knospen von der Spitze abwärts laufend gleichmäßig Seitentriebe aus, die immer kürzer und flacher werden (vergl. Abb. ① + ②).
Kürzen wir den gleichen Zweig etwa um die Hälfte ein, übernimmt die Knospe unterhalb der Schnittstelle die Dominanz der Spitzenknospe. Sie treibt mit den unmittelbar nachfolgenden Knospen wesentlich steiler und stärker aus als im ungeschnittenen Trieb.
Ist der Austrieb der obersten zwei, drei Knospen fast gleich stark, sprechen wir

①

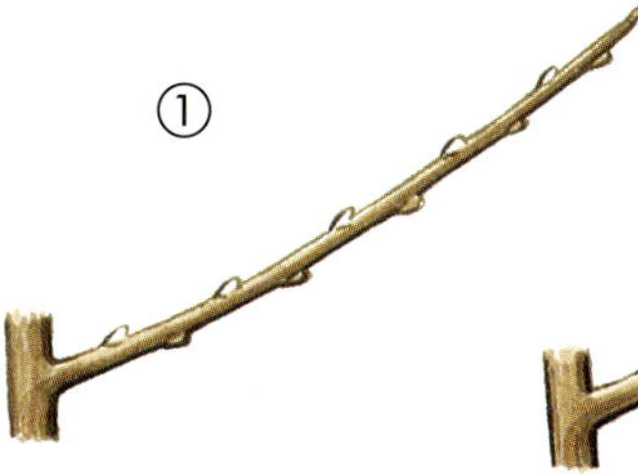

Ungeschnittener Langtrieb

②

Ohne Rückschnitt: Von oben nach unten werden Seitentriebe schwächer.

③

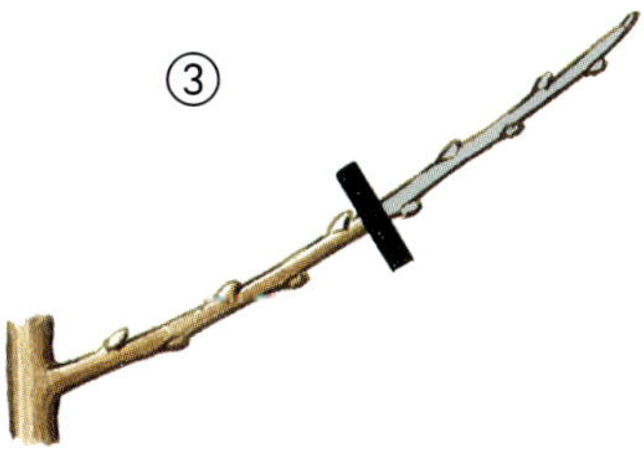

Der Langtrieb wird stark eingekürzt.

④

Starker Rückschnitt zwingt Knospen mit starken, langen Ästen auszutreiben.

⑤

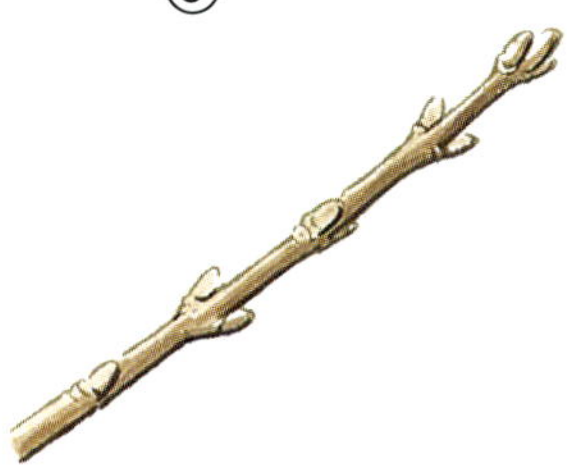

Zweig mit gegenständigen Knospenpaaren (z. B. von einer Kastanie)

⑥

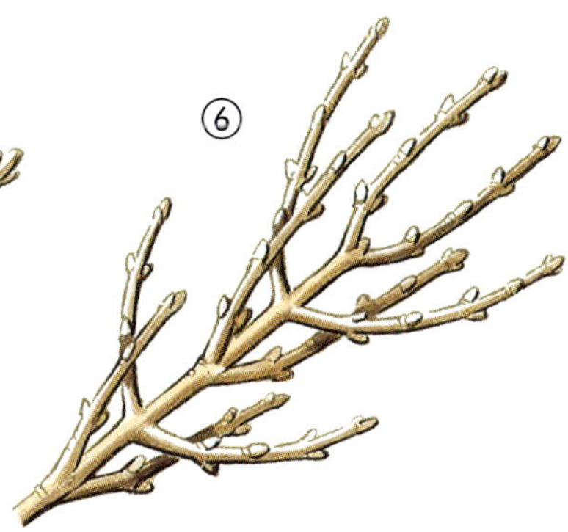

Das Knospenpaar bildet gleich starke Äste, die immer Konkurrenzäste sind.

von Konkurrenztrieben. Die Reaktion der Triebe zeigt: Nichtschneiden fördert eine gleichmäßige Seitenverzweigung mit vielen kurzen, flacher stehenden Trieben - stark schneiden fördert das Wachstum weniger langer, steiler und starker Triebe.
Später erkennen wir, bei welchen Gehölzen wir die verschiedenen Triebarten fördern wollen (vergl. Abb. ③ + ④ auf Seite 9).
Eine Besonderheit sind Gehölze mit gegenständigen Knospen, das bedeutet, dass sich zwei Knospen am Zweig immer genau gegenüberstehen. Hier bildet das Knospenpaar gleich starke Äste aus, die immer auch Konkurrenzäste sind (vergl. Abb. ⑤ + ⑥ auf Seite 9).

MÖGLICHE GRUNDSCHNITTE

Was am einzelnen Ast noch klar und überschaubar ist, erscheint uns im dichten Astgewirr alter Bäume und Sträucher unbegreiflich. Aber nur Mut! Auch in einem noch so dichten Astgewirr reduziert sich das Beschneiden immer auf die drei folgenden möglichen Grundschnitte:

1. Ein Trieb kann eingekürzt werden.
2. Er kann auf einen anderen Trieb umgelenkt werden.
3. Sie schneiden ihn ganz heraus.

Egal welches Schnittziel Sie anstreben, es kommen immer nur diese drei Möglichkeiten zum Einsatz!

Grundschnitt „Einkürzen“:
Äste von Baum und Strauch werden in der Spitze oder in ihrem alten verzweigten Holz eingekürzt. Die Schnittstellen bilden das Ende des Triebes. Diese Schnittart erzwingt von allen drei Arten den stärksten Neuaustrieb. Die neuen Zweige sind relativ steil, lang und dick.

Grundschnitt „Umlenken":
Astenden von Baum und Strauch werden auf tiefer stehende Seitenäste umgelenkt. Der ankommende Wasserstrom trifft am Ende nicht auf eine Schnittstelle, sondern kann in den Seitentrieb auswelchen. Es bilden sich weniger neue Triebe als beim Grundschnitt „Einkürzen".

Grundschnitt „Entfernen eines ganzen Zweiges":
An Baum und Strauch wird ein Hauptast oder Seitentrieb ganz entfernt. Der Wasserstrom verteilt sich ohne Rückstau in den verbleibenden Ästen. Diese Schnittart regt am wenigsten zur Bildung von neuen Trieben an.

Vielfalt fordert heraus

Baum und Strauch – zwei Charaktere

Die Übergänge zwischen Baum und Strauch sind fließend. Dennoch gibt es beim Schneiden deutliche Unterschiede zu beachten.

Zwei Eigenschaften machen **den idealen Baum** aus: Ein gerader, durchgängiger Stamm und eine dominante, ausgeprägte Spitze, die immer wieder den geraden Mittelstamm hervorbringt. Um den Stamm herum ordnet sich fast symmetrisch ein Astgerüst. Vertreter dieser klaren Baumform sind viele Nadelbäume, wie Fichte, Scheinzypresse oder der Mammutbaum.
Der typische Strauch lebt im anderen Extrem: Viele seiner Triebe wachsen gleichwertig aus dem Wurzelstock heraus. Es bildet sich also kein überragender, dominanter Mitteltrieb aus. Typische Vertreter sind: die Forsythie, der Spierstrauch, die Haselnuss oder auch die Scheinquitte.
Zwischen diesen beiden extremen Wuchstypen können wir unsere ganzen Gehölze einordnen.

ÜBERGÄNGE VOM BAUM ZUM STRAUCH

Baumarten, wie Linde, Eiche oder Ahorn, verlieren im Alter die Vorherrschaft der Spitze und bilden eine ausladende, schirmförmige Krone.
Zierkirschen, Zieräpfel und Vogelbeeren bilden zwar noch einen Stamm, geben aber die Vorherrschaft der Spitze früher auf als große Bäume.
Stracharten, wie Zaubernuss, Kornelkirsche, Rhododendron oder Eibe, lassen den typischen Strauchcharakter der vielen gleichwertigen Triebe bereits hinter sich. Sie bilden nur noch einzelne Grundtriebe aus, die schon eine leichte Rangordnung andeuten, aber noch keinen Spitzentrieb hervorheben.
Gute Schnittmaßnahmen fördern daher die Gehölze in ihrer ureigensten Wachstumsform und zwingen sie nicht, sich dagegen zu entwickeln. In Bäumen wird eher die Spitze von Konkurrenzästen befreit, als dass wir mit Kappen neue Konkurrenz verursachen. Sträucher mit wenig Trieben lassen wir ihren eleganten Wuchs und erzwingen durch Rückschnitt nicht zahllose neue Triebe. Mehr dazu finden Sie ab der Seite 21.

Die Zierkirsche bildet mit wenigen Grundästen den Übergang zum Baum.

Die Linde hat die Vorherrschaft der Spitze aufgegeben.

Scheinquitte, ein typischer Strauch mit vielen gleichwertigen Bodentrieben

BÄUME UND STRÄUCHER SCHÜTZEN SICH SELBST

In ihrer jahrtausendealten Entwicklung mussten Bäume und Sträucher immer auf Verletzungen reagieren. Da sie nicht fliehen konnten, haben sie gelernt, sich an Ort und Stelle zu schützen und zu wehren. Verschiedene Strategien führen bei ihnen zum Erfolg.

Der Astring

Eine besondere Schutzzone haben Bäume und Sträucher mit dem Astring entwickelt. Er ist im Übergang von einem Ast zum anderen als Wulst oder Wölbung ausgebildet. Bei jeder Gehölzart sieht er etwas anders aus. Im Astring ist sehr viel mehr Kambium angelegt als unter glatter Rinde - vergleichbar einem Faltenrock mit viel Stoff und einem engen Rock mit wenig Stoff. Kambium bildet die Zellen des Wundgewebes aus, welches die Wunden überwächst. Der Astring wird deshalb für eine schnelle und gute Wundheilung gebraucht. Er muss bei jedem Astschnitt als gehölzeigene Schutzzone unverletzt am Baum oder am Strauch verbleiben. Die Schnitte werden daher nicht parallel, sondern schräg zum Stamm oder Ast geführt.

Wundheilung

Eine Wunde erlebt zwei Prozesse, die unabhängig voneinander verlaufen: Das Überwallen der Wunde und das Gesundhalten des Holzes an der Schnittstelle. Ist eine Wunde äußerlich geschlossen, kann das Holz darunter trotzdem faulen.

Der Astring verbleibt am Baum, wenn der Ast abgeschnitten wird.

Wundgewebe überwallt Schnittfläche. Schräge Schnittführung (Pfeil) schützt Astring.

Ist ein Baum gesund und wüchsig, schützt er sich selbst gegen Fäulnis. Flüssige Stoffe können auch im Holz von einer Zelle zur anderen wandern. Der Baum schottet das Holz an der Wunde ab, indem er in den Zellen hinter der Wunde Stoffe konzentriert, die die Fäulnispilze am Wachstum hemmen. Ein wenig erinnert es an Marmelade kochen – wir geben soviel Zucker in die Marmelade, bis keine Schimmelpilze mehr wachsen können.

WUNDBEHANDLUNG – HILFE ODER SCHADEN?

Faulstellen in Bäumen zeigen uns, dass die Abschottung gegen Krankheiten auch durchbrochen werden kann. Abschottung ist eine natürliche, wirksame, baumeigene Abwehrmaßnahme, die uns vor 25 bis 30 Jahren noch nicht bekannt war. Die Baumpflege hat damals Faulstellen tief ausgeschnitten und, ohne zu wissen, die baumeigenen Abwehrzonen mit entfernt. In dem Bewusstsein, dem Baum zu helfen, wurden Wunden und Schnittstellen mit Wundwachs und anderen Mitteln verstrichen – diese Maßnahme hat sich bis heute gehalten.

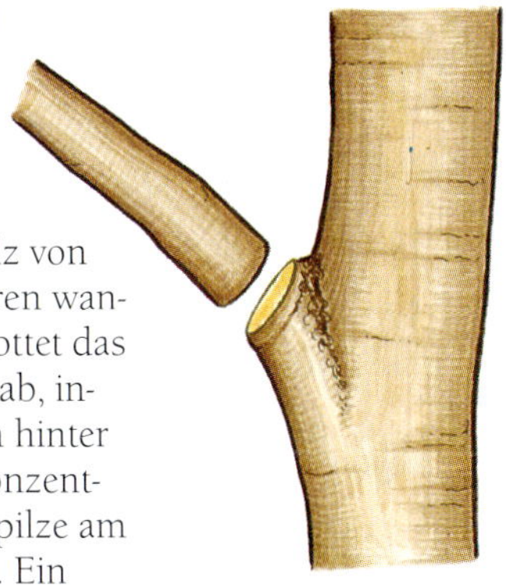

Ein schräger Schnitt zum Stamm geführt schützt den Astring.

Da Baumschnitt nie unter sterilen Bedingungen stattfindet, besiedeln Pilze und Bakterien die Schnittfläche sofort. Überstreichen wir die Wunde anschließend mit einem **Verschlussmittel**, werden die Krankheitserreger darunter lebend eingeschlossen und das Holz fault. Offizielle Versuche der letzten Jahre haben ergeben, dass offene und verstrichene Schnittflächen genauso oft gesund bleiben oder faul werden. Es wäre also egal, ob man verstreicht oder nicht. Ich verzichte daher schon seit Jahren darauf, Wunden zu verstreichen. Bei großen Schnittflächen empfehle ich den Kompromiss, einen Rand von einem Zentimeter Breite zu verstreichen. Das schützt den offenen Kambiumrand vor Austrocknung.

Wunde bis über den Rand mit Wundverschlussmittel bestreichen.

SOLLEN WIR WIRKLICH IM WINTER SCHNEIDEN?

Traditionell ist das Schneiden von Bäumen und Sträuchern auch jetzt noch Winterarbeit. Im Winter drängt keine andere Gartenarbeit und wir haben mehr Zeit. Im laublosen Zustand sehen wir außerdem besser, was wir schneiden müssen, und die Gehölze sind in Winter- und Saftruhe. Schneiden Sie im November, Dezember und Januar Äste ab, fließt aus den Wunden kein Saft heraus. Wähle ich dagegen Februar oder März, ist der Saftstrom schon in Bewegung und es tropft manchmal tagelang aus den Wunden heraus. Der Volksmund nennt es „bluten“. Obwohl der Winterschnitt viele Vorteile hat, sehen wir auf öffentlichen Grünflächen in den letzten Jahren zunehmend Baumpfleger, die im Mai und Juni Bäume schneiden.

SCHNITTZEIT DER BÄUME

Wann ist also die beste Zeit, Bäume zu schneiden?

Schauen wir dazu auf den Rhythmus der Bäume: Eine Wunde ist ein starker Eingriff und erfordert vom Baum für das innere Abschotten und das Überwallen viel Energie. Während der **Hauptwachstumszeit**, im Mai und Juni, hat der Baum am meisten Energie und seine Schutzmechanismen funktionieren schneller und besser als im Winter. Außerdem bluten die Wunden des Frühsommerschnittes nicht. Das Bluten beschränkt sich auf die Zeit um den Austrieb. Ist das Laubdach erst voll entfaltet, tropft auch kein Saft mehr aus den Wunden. Unter dem Aspekt der Baumgesundheit wäre also Mai und Juni die beste Schnittzeit. Gegen diesen Schnitt-Termin steht aber das Naturschutzgesetz. Es schränkt den Gehölzschnitt vom 1. März bis zum 30. September zum Schutz von Vögeln und anderen Tieren ein. Ein Kompromiss wäre es, wenn Sie den Baumschnitt so nahe wie möglich an die Wachstumszeit heranlegen und im **Februar** durchführen würden.

TIPP: Schneiden Sie nicht, wenn die Temperaturen unter -5 °C sinken. Das Holz wird spröde und reißt an den Schnittstellen gern ein.

Rosmarin wird im späten Frühjahr geschnitten.

SCHNITTZEIT DER STRÄUCHER

Bei vielen, stark wachsenden Sträuchern ist der Winterschnitt nicht so heikel. Der einzelne Trieb wird immer wieder durch einen neuen ersetzt und hat nicht

Beetrosen: Der Hauptschnitt erfolgt im Frühjahr.

die Lebensdauer und Bedeutung wie der Ast einer Baumkrone. Grundsätzlich können Sie **frostharte Sträucher** gut im Winter schneiden.

Der Schnittzeitpunkt der Blütensträucher richtet sich aber stark nach deren Blütezeit. Näheres erfahren Sie im folgenden Kapitel ab der Seite 26.

Für **frostempfindliche Sträucher**, wie Rosen, Lavendel, Salbei u.a., ist der Winterschnitt ausgeschlossen. Mit dem Rückschnitt beginnt der Saft in der Pflanze wieder zu steigen. Gleichzeitig wird sie frostempfindlicher und das reicht aus, dass eine empfindliche Pflanze abstirbt. Schneiden Sie alle empfindlichen Sträucher, wie Rosmarin, Lavendel und Heiligenkraut, am besten erst Ende März/April, in kälteren Lagen im Mai, zurück.

EINSCHRÄNKUNGEN ZUM GEHÖLZSCHNITT ...

... sind in den Landesnaturschutzgesetzen geregelt. Der folgende Text ist ein Auszug aus dem Naturschutzgesetz von Baden-Württemberg:

§ 29 (3) In der Zeit vom 1. März bis zum 30. September ist es verboten

1. Hecken, lebende Zäune, Bäume, Gebüsche und Röhrichtbestände zu roden, abzuschneiden oder auf andere Weise zu zerstören oder
2. Bäume mit Horsten oder Bruthöhlen zu fällen oder zu besteigen.

§ 29 (4) Das Verbot des Absatzes 2 gilt nicht

1. für Kulturarbeiten
2. für Maßnahmen, die bei zulässigen Bauvorhaben notwendig werden
3. für Maßnahmen, die bei der Unterhaltung und dem Ausbau oberirdischer Gewässer und Dämme notwendig werden
4. für Maßnahmen, die aus Gründen der Sicherheit und der Leichtigkeit des Verkehrs notwendig werden.

SCHNITTWERKZEUGE – GRUNDAUSSTATTUNG

Hippe – ein Allround-Werkzeug: vorzugsweise mit Holzgriff, verschiedene Größen

Baumschere: bevorzugt zweischneidig

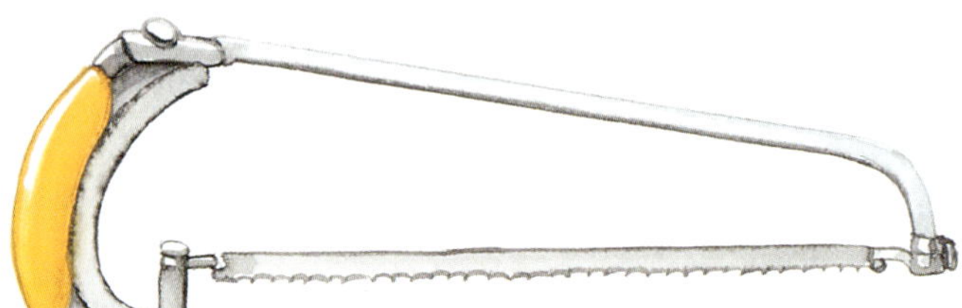

Bügelsäge: mit verstellbarem Sägeblatt, für jede Aststärke geeignet, schont die Astringe

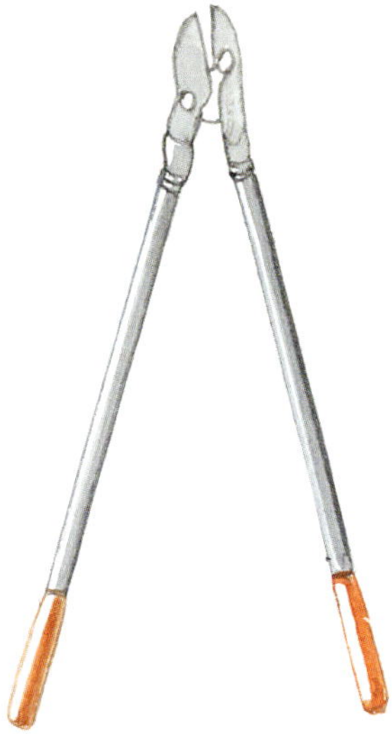

Astschere: lange Griffe bringen gute Hebelwirkung

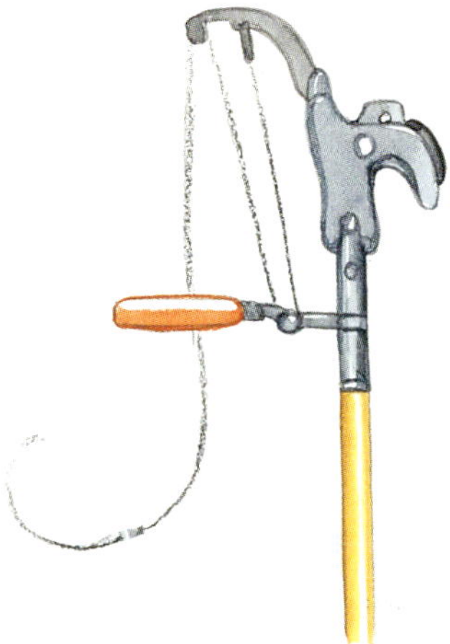

Stangenschere mit Seilzug

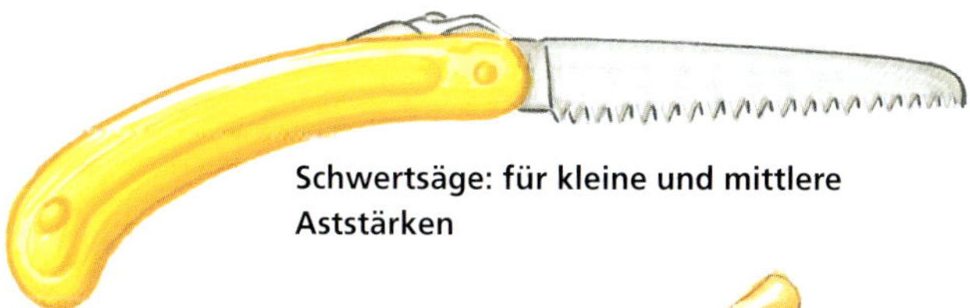

Schwertsäge: für kleine und mittlere Aststärken

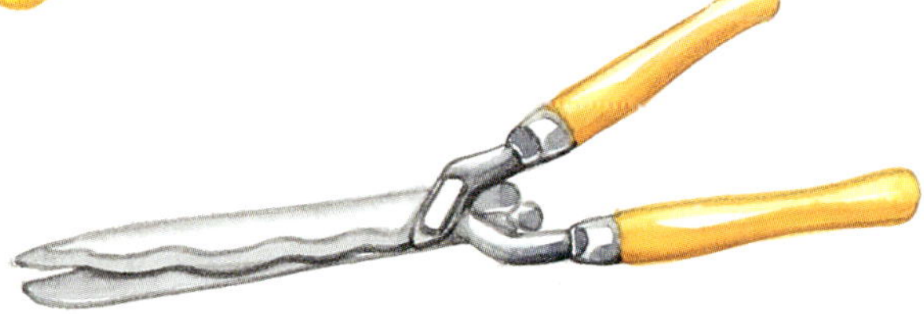

Heckenschere: mit langen Schneiden für Hecken und Formschnitte

Hat ein Spitzahorn genug Platz sich zu entfalten, bedarf es kaum eines Schnittes.

Oben: Scharlachahorn – Schönheit ohne schneiden
Rechts: Die Säuleneibe hält ihre schmale Form ohne Schnitt.

Jede Menge Möglichkeiten

Gehölze haben uns viel zu bieten

Der eine möchte der Natur mit der Schere gar nicht hineinpfuschen, der andere liebt akkurate Formschnitte. Es gibt nie den richtigen Schnitt. Finden Sie heraus, was Gehölze bieten und was Sie selbst möchten und lernen Sie, beides zu verbinden.

BÄUME – SCHÖNHEIT KOMMT FAST VON GANZ ALLEIN

An Bäumen müssen wir weniger schneiden, als es ihre Größe vermuten lässt. Werden Bäume mit Wurzelballen gepflanzt, ist **Wurzelschnitt** überflüssig. Hat der Baum zur Pflanzung nackte Wurzeln, sind die Wurzelenden oft verletzt und ausgefranst. Schneiden Sie die verletzten Stellen vor der Pflanzung glatt nach. In den folgenden zwei bis acht Jahren gibt es für Sie am Baum zwei Schnittaufgaben:

1. Die **Konkurrenzäste der Spitze entfernen** und
2. den **Stamm langsam aufasten**.

Bei jungen Bäumen sollte die Spitze immer von einem starken Trieb gebildet werden, der fortlaufend als Mitteltrieb den Stamm verlängert – nach dem Gesetz „je steiler desto stärker“ nehmen Sie um den Spitzentrieb herum alle steil stehenden Äste heraus. Für Ahorn und Kastanie gilt das in besonderer Weise. Die Knospen für das Triebwachstum sind immer paarweise gegenüberstehend angeordnet. Bei diesen Baumarten bilden sich in der Spitze gern Gabelungen. Würden wir diese Gabelungen belassen, entstehen Zwieselstämme, das heißt zwei Mitteltriebe bauen um sich herum zwei Kronenhälften auf. Mit zunehmendem Alter und Kronengewicht droht ein solcher Baum auseinander zu brechen. Das Entfernen eines Zwiesels im zweiten oder dritten Lebensjahr kann der wichtigste Schnitt in einem ganzen Baumleben sein.

Birke: Mehrfachstämme sind im Alter Gefahrenbäume.

Bewegungsfreiheit schaffen

In Parks sehen wir Bäume häufig bis zum Boden beastet. Im Garten wünschen wir mehr Bewegungsfreiheit und einen offeneren Blick. Dazu schneiden Sie den Stamm des Baumes langsam auf zwei, drei, vier Meter Höhe astfrei. Beginnen Sie, zwei Jahre nach der Pflanzung, jedes Frühjahr ein bis zwei zu tief stehende Seitenäste abzuschneiden, bis die gewünschte Stammhöhe

Pflanzschnitt: Verletzte Wurzeln werden eingekürzt und Konkurrenzäste zum Mitteltrieb entfernt.

erreicht ist. Achten Sie dabei bewusst auf die Astringe.

Nach der Jugendphase …

… sind am Baum kaum noch Schnittmaßnahmen erforderlich. Kann sich der Baum am ausgewählten Standort in seiner ganzen Größe entfalten, schneiden Sie bei älteren Bäumen nur kranke und abgestorbene Äste heraus. Aufwendiger wird es, wenn der Baum zu wenig Platz hat. Dann ist er schnell zu hoch oder zu breit. In diesen Situationen machen wir die größten Schnittfehler. Ohne große Erfahrung meinen wir: Je mehr wir wegschneiden, desto kleiner machen wir den Baum. Aber das ist ein Trugschluss. Denn, starker Schnitt bringt starkes Wachstum. Unterhalb der Schnittstelle richten sich mehrere Seitentriebe auf und konkurrieren miteinander um die Spitze. Setzt sich keiner als neuer Mitteltrieb durch, wird der Baum oberhalb der Schnittstelle mehrstämmig. Der Baum hat nach zwei, drei Jahren die alte Höhe wieder erreicht. Der schöne, arteigene Wuchscharakter ist verloren gegangen und die Kappstelle kann faulen und mit zunehmendem Alter auseinander brechen.

Ahorn: Bildet durch Knospenstellung Zwillen aus.

Die Platane wird jährlich an gleicher Stelle geköpft.

BÄUME KAPPEN – BÄUME KÖPFEN

Angetrieben von der Vorstellung, den Baum durch einen **radikalen Rückschnitt** endlich niedriger halten zu können, werden nicht nur Spitzen, sondern auch ganze Bäume gekappt und auf kurze Aststummel reduziert. Die großen Wunden führen zu Holzfäule, die zunächst den Stummel und später auch den Stamm befällt. Um die Schnittstelle herum bildet der Baum aus der Not heraus zahllose neue Knospen, aus denen sich so genannte Adventivsprosse bilden - jeder Trieb konkurriert mit jedem. Natürliche Ordnung und Schönheit der Krone sind verloren gegangen. Die Adventivtriebe sind mit ihrem Stamm nur schwach verbunden und drohen im Alter mit zunehmender Größe bei Wind leicht auszubrechen.

Das Kappen der Kronen ist also eine schlechte Schnittform, die den Baum auf Dauer zerstört.

Möchten Sie einen Baum **in der Höhe konstant halten**, kürzen Sie ihn regelmäßig, aber wenig ein. Lenken Sie dazu den Haupttrieb auf einen passenden Seitentrieb um (siehe Seite 11). Nach drei bis vier Jahren wiederholen Sie die Maßnahme. Mit dieser Schnittmethode erhalten Sie die natürliche Kronenform und die Gesundheit des Baumes am besten.

Eine andere verträgliche Schnittmethode, Bäume niedrig zu halten, ist **das Köpfen**. Im Unterschied zum Kappen geschieht dieses regelmäßig alle ein bis zwei Jahre. Im Frühjahr schneiden Sie alle Jahrestriebe auf die gleiche Stelle zu-

VERKEHRSSICHERHEIT VON BÄUMEN

Eigentümer von Bäumen sind für die Verkehrssicherheit ihrer Bäume verantwortlich. Auf **öffentlichen Grünflächen** müssen Verantwortliche jährliche Sichtkontrollen durchführen. Bei **Grundstücken von Privatpersonen** wird der Maßstab nicht ganz so streng angesetzt. Der Baumeigentümer muss kein Fachwissen aufweisen. Fallen aber dem „durchschnittlichen" Betrachter deutliche Schäden auf, wie größere Faulstellen, ein hohler Stamm oder Schieflage des Stammes, muss er einen Fachmann zu Rate ziehen und gegebenenfalls Schnitt oder Fällung veranlassen. Unterlässt er es, sich fachlich zu beraten, kann er im Schadensfall beschuldigt werden.
Rat geben können nur Gärtner mit einer Fachausbildung als Baumpfleger. Adressen finden Sie auf folgendem Wege: Unter dem Stichwort „Baumpfleger" in den Gelben Seiten oder im Internet, Adressen über Grünflächenabteilung/Gärtner Ihrer Stadt oder Gemeinde erfragen.

Gekappte Rosskastanie: Kappen zerstört Bäume.

rück. Die Wunden sind sehr klein, bieten kaum Angriffsfläche für Fäulnis und überwallen schnell. Traditionell wird dieser Schnitt bei Kopfweiden zur Gewinnung der Korbflechtweiden angewendet. Auf Stadtplätzen oder an Uferpromenaden hält man Platanen und Linden mit diesem Schnitt auf einer bestimmten Höhe. Hat man mit der Schnittart einmal angefangen, muss jährlich geschnitten werden. Mit der Zeit verdicken sich die Schnittstellen zu eigenwilligen, bizarren Formen.

Kopfweiden für Korbflechten

MEHRSTÄMMIGE BÄUME MEIDEN

In den sechziger und siebziger Jahren war es eine regelrechte Modewelle, Birken und Ahorn zwei-, drei- oder gar fünfstämmig zu pflanzen. Entfalten die Bäume im Alter ihre ganze Schönheit, drohen ihre Stämme durch ihre schräge Stellung und ihr Gewicht auseinander zu brechen. Entfernen von einzelnen Hauptstämmen ist nur vorübergehend eine Lösung. Die Wunden sind so groß, dass von ihnen ausgehende Fäulnis schnell bis in die Wurzeln wandert. Nach wenigen Jahren ist der Baum nicht mehr standsicher und muss gefällt werden.

TIPP: Pflanzen Sie im Garten nur einstämmige Bäume. Mehrstämmige drohen im Alter sehr viel leichter auseinander zu brechen.

STRÄUCHER – MIT VIER GRUNDTYPEN DURCHS ASTGEWIRR

Eine Gruppeneinteilung macht es leichter, die Schnittmöglichkeiten bei der großen Strauchvielfalt zu überschauen. Für den Schnitt ist entscheidend, ob sich ein Strauch von Natur aus mit vielen oder sehr wenigen Bodentrieben entwickelt, ob er im Frühjahr oder Sommer blüht und ob die größte Blütenfülle, die dekorativsten Blätter und die stärkste Rindenfärbung am jungen oder alten Holz wächst.

I. SCHNITT-TYP LAVENDEL

Dieser Schnitt-Typ umfasst Sträucher, die im Sommer und Herbst an jungen, diesjährigen Trieben blühen und zu Frühjahrsbeginn geschnitten werden.

Die Straucharten dieser Gruppe kommen überwiegend aus wärmeren Zonen und stoßen bei uns klimatisch an ihre Grenzen. Viele sind Halbsträucher, welche regelmäßig etwas zurückfrieren, in extremen Wintern oder extremen Lagen aber auch ganz erfrieren können. Ein leichter, wasserdurchlässiger Boden und Rückschnitt im Frühjahr, anstelle von Herbst- und Winterschnitt, verbessern die Überlebenschancen in der kalten Jahreszeit.
Alle Sträucher dieser Gruppe blühen im Sommer oder Herbst an jungen, diesjährigen Trieben, die vom Frühjahr an gewachsen sind. Je stärker Sie im Frühjahr zurückschneiden, desto länger, stärker und zahlreicher sind die neuen Triebe, die im Sommer in Blüte stehen. Regelmäßiger Schnitt fördert also die Blütenfülle. Ohne Schnitt verzweigen die Triebe von Jahr zu Jahr stärker. Der Triebzuwachs wird kürzer und der Blütenansatz spärlicher. Kleinsträucher, wie **Lavendel**, **Heide** und **Salbei**, gehen ohne Schnitt innerhalb weniger Jahre sogar ganz ein. Ihre Triebe werden immer länger, verkahlen nach innen, fallen auseinander und brechen dann am Wurzelansatz ab.
Ein deutliches Beispiel gibt uns die Kulturlandschaft der Heide: Schafherden fressen jedes Frühjahr die verblühten, alten Triebe der Heidesträucher ab. Die Sträucher brechen nicht

WELCHE PFLANZEN GEHÖREN ZUM LAVENDELTYP?

Bartblume (*Caryopteris x clandonensis*), Blauraute (*Perovskia abrotanoides*), Fünffingerstrauch (*Potentilla fruticosa*), Gewürzsalbei (*Salvia offcinalis*), Heiligenkraut (*Santolina chamaedrys*), Johanniskraut (*Hypericum calycinum*), Rispenhortensie (*Hydrangea paniculata*), Rosmarin (*Rosmarinus officinalis*), Sommerflieder (*Buddleja davidii*), Sommerheide (*Calluna vulgaris*), Sommerspierstrauch (*Spirea bumalda, S. japonica*), Thymian (*Thymus officinalis*), Winterheide (*Erica carnea*)

auseinander, bleiben kompakt und bringen starke neue Triebe, die im Sommer voll blühen. Ohne regelmäßige Beweidung würde diese Heidelandschaft sterben. Spielen Sie in ihrem Garten also „Heidschnucke“!

Rückschnitt – passend zum Charakter

In der Stärke des Rückschnitts machen wir innerhalb dieser Gruppe Unterschiede:
Bei **Sommerflieder**, **Bartblume**, dem niedrigen **Sommerspierstrauch** und der **Rispenhortensie** können Sie alle Triebe um etwa drei Viertel einkurzen. Sehr schwache Triebe werden vollständig herausgeschnitten. Das untere Viertel bleibt als dauerhaftes Astgerüst bestehen. Aus ihm entwickeln sich jedes Jahr starke, neue Triebe, die dann im Sommer blühen.
Johanniskraut, **Heiligenkraut**, **Fünffingerstrauch** und **Blauraute** können wir fast bis zum Boden zurückschneiden. Sie regenerieren sich leicht aus dem alten Holz und zudem aus dem Wurzelstock.
Lavendel, **Rosmarin**, **Salbei** und **Heide** sind heikel. Ihre Triebe verholzen vom Boden her stark, verkahlen und brechen leicht auseinander. Der jährliche Frühjahrsschnitt muss noch innerhalb der belaubten Zone stattfinden. Wenn wir in den verholzten, kahlen Bereich schneiden, wachsen keine neuen Triebe nach und die Sträucher sterben ab. Lavendel, Salbei und Thymian können Sie alternativ auch noch im Frühsommer nach der Blüte zurückschneiden.
Alle **graulaubigen Kleinsträucher**, die ursprünglich aus dem Mittelmeerraum stammen, sind in kalten Regionen frostgefährdet. Wir schneiden sie erst im späten Frühjahr (April/Mai) zurück.

Varianten des Typs

In den „Schnitt-Typ Lavendel“ reihen wir eine kleine Sondergruppe ein. Es sind **sommergrüne, hohe Laubsträucher**, die als Blütensträucher eigentlich im „Schnitt-Typ Forsythie“ eingegliedert sind. Wir entscheiden uns bei diesen Sträuchern, nicht die Blüten, sondern das schöne Laub oder die farbige Rinde zu fördern. Laub und Rinde kommen bei ihnen an diesjährigen und einjährigen Langtrieben besser zur Geltung, als an mehrjährigen Zweigen. Wenn Sie vor dem Austrieb im Frühjahr alle Triebe fast bodeneben abschneiden, entwickeln sich bis zum Frühsommer die begehrten Langtriebe.

Zwergblutpflaume: Junger Trieb zwischen Stauden

Hartriegel: starke Rindenfärbung an Jahrestrieben

Mahonie – ein starker Rückschnitt nach der Blüte fördert regelmäßige Verzweigung und Blütenfülle.

Zierkirsche *Prunus glandulosa* 'Albiplena'

II. SCHNITT-TYP MANDELBÄUMCHEN

Umfasst Sträucher, die im Frühjahr an einjährigen, langen Trieben blühen und jährlich nach der Blüte geschnitten werden.

In der Gruppe des „Mandelbäumchentyps" führe ich Sträucher auf, die ebenfalls unter dem „Forsythientyp" stehen könnten. Selbst die Forsythie könnte sogar unter dem „Mandelbäumchentyp" erscheinen. Wir wählen aber unter den verschiedenen Schnittmöglichkeiten die aus, welche am Strauch fördert, was uns am besten gefällt – bei Gehölzen des „Typs Mandelbäumchen" sind das lange einjährige und unverzweigte Triebe.

So wird geschnitten

Alle Gehölze der Gruppe blühen im Frühjahr an Trieben, die sich im vorhergehenden Frühjahr entwickelt haben. Auch die Blütenknospen werden aus dem letzten Sommer mitgebracht. Wir sprechen von der Blüte am einjährigen Holz. Schneiden wir die Blütentriebe nach dem Verblühen im März, April, Mai auf ein bis zwei Handbreiten zurück, entwickeln sich über Frühjahr und Sommer wieder starke Zweige mit vollem Blütenknospenbesatz für das nächste Frühjahr. Lassen wir die langen einjährigen Triebe in dieser Gehölzgruppe ungeschnitten, verzweigen sie von der Spitze her mit immer kürzer werdenden Seitentrieben. Mit jedem Jahr ohne Schnitt verkahlen die Gehölze im Inneren stärker. Die einjährigen Langtriebe sind die attraktivsten Blütenzweige.

Mandelbäumchen gibt es als Busch oder Hochstamm. In der Regel sind beide Formen auf Wildpflaume veredelt. Alle Triebe, die entlang des Stammes oder als Wurzelschösslinge wachsen, gehören zur Wildpflaume und sind zu entfernen.

Salweiden sind wurzelecht, das heißt Krone und Wurzel sind die gleiche Pflanze. Ohne Schnitt wird dieser Strauch mehrere Meter hoch und breit. Durch einen jährlichen starken Rückschnitt erreichen Sie üppige Blütenzweige und halten den Strauch auf einer gartenverträglichen Größe.

Bei der **Hängekätzchenweide** ist der häufigste Fehler,

dass sie jahrelang nicht geschnitten wird. Auf den Bögen der Zweige wächst jedes Jahr ein neuer Astkranz. Der Zuwachs wird von Jahr zu Jahr kürzer, die Anzahl der Kätzchen immer spärlicher. Die alten Zweigschichten, die darunter liegen, sterben ab. Nehmen Sie alle abgestorbenen Zweige aus dem Inneren der Krone heraus, so dass nur noch der oberste, einjährige Astkranz stehen bleibt. Diese herabhängenden Äste schneiden Sie nach der Blüte in jedem Frühjahr auf eine Handbreite zurück. Der Erfolg sind regelmäßig lange Zweige mit vollem Kätzchenbesatz.

Varianten des Typs

Der **Ranunkelstrauch** ist ein typischer Strauch mit sehr vielen Bodentrieben. Triebe, die im vergangenen Sommer gewachsen sind, kommen im folgenden Frühjahr zur Blüte. Während die vorhandenen Äste blühen, wachsen neue Bodentriebe nach, die im Sommer eine zweite Blütezeit bringen. Alle abgeblühten Triebe sterben spätestens im Winter ab. Nehmen Sie Zweige nach dem Abblühen aus dem Strauch heraus, fördern Sie das Wachstum neuer Triebe und damit die Blütenfülle.

Ginster neigt dazu, im unteren Strauchteil kahl zu werden. Schneiden Sie die abgeblühten Zweige auf Stummel zurück, bleibt ein Neuaustrieb in der Regel aus. Lenken Sie im Mai/Juni auf tiefer stehende kräftige Seitentriebe um, treibt der kleine Strauch den Sommer über starke, neue Triebe nach, die im nächsten Frühjahr wieder in Blüte stehen.

Ballhortensien blühen im Sommer. Ihre Blütenknospen entstehen aber schon im Sommer des vorhergehenden Jahres. Wenn Sie die Ballhortensien, wie die Pflanzen des „Lavendeltyps“, im Frühjahr scharf zurückschneiden und dabei auch alle Blütenknospen entfernen, gehen Sie im Sommer blütenlos aus. Schneiden Sie im Sommer nach der Blüte zurück, entwickeln sich für das nächste Jahr keine Triebe mit Blütenknospen. Ballhortensien können viele Jahre ohne Schnitt wachsen. Werden die Sträucher zu breit, nehmen Sie ein Viertel der Triebe im Frühjahr ganz heraus und entfernen alle schwachen Triebe. Dann haben Sie immer blühende Triebe und eine ausreichende Verjüngung.

WELCHE STRÄUCHER GEHÖREN ZUM MANDELBÄUMCHENTYP?

Gewöhnliche Mahonie (*Mahonia aquifolium*), Hängekätzchenweide (*Salix caprea* 'Pendula'), Mandelbäumchen (*Prunus triloba*), Salweide/Kätzchenweide (*Salix caprea*), Weiße Drüsenkirsche (*Prunus glandulosa* 'Albiplena')

Varianten des Typs sind:

Ballhortensie (*Hydrangea* x *macrophylla*), Ginster (*Cytisus scoparius*), Ranunkelstrauch (*Kerria japonica*)

Schönfrucht: Bildet Früchte entlang der Seitentriebe. Ihre Langtriebe haben keine Früchte.

Diese Ziersträucher haben ihre volle Blüte durch Köpfen verloren.

III. SCHNITT-TYP FORSYTHIE

> Umfasst Sträucher, die im Frühjahr an einjährigen oder mehrjährigen Trieben blühen und jährlich in Teilen verjüngt werden.

Die Sträucher des „Forsythientyps" bringen uns die vollste Blüte an den Trieben, welche zwei Jahre alt sind: Dies sind lange, einjährige Triebe, die im zweiten Jahr von oben nach unten kurze Seitentriebe bilden. Im dritten Frühjahr stehen sie dann in voller Blüte. In kalten Klimazonen bilden einjährige Triebe kaum Blüten aus. In wärmeren Regionen sind sie zwar voll besetzt, die größte Blütenfülle erleben wir aber am zweijährigen Holz.

Wachsen ohne Schnitt

Bleiben die Sträucher mehrere Jahre ungeschnitten, ergibt sich folgende Kronenentwicklung: Im ersten Jahr wachsen lange unverzweigte Triebe. Im zweiten Frühjahr entstehen an den Jahresruten kürzere Seitentriebe. In der dritten Vegetationsperiode senkt sich der lange Trieb unter dem seiner Seitenverzweigungen ab. In der Mitte des Bogens wachsen wieder unverzweigte lange Triebe. Diese bilden Seitentriebe, senken sich ab und der Kreislauf beginnt von vorn. Je mehr Bögen übereinanderstehen, desto ausladender und älter ist der Strauch. Die unteren Bögen sterben mit der Zeit durch Lichtmangel ab. Ein ungeschnittener Strauch blüht immer spärlicher und dehnt sich immer weiter aus. Wenn zweijährige Triebe die schönsten Blütenzweige sind, möchten wir diese durch den Schnitt fördern.

raum von drei bis vier Jahren statt. Nehmen Sie regelmäßig ganze Triebe heraus, bedarf es in der restlichen Krone fast keiner Schnitte mehr.

WELCHE STRÄUCHER GEHÖREN ZUM FORSYTHIENTYP?

Duftjasmin (*Philadelphus*-Arten), Feuerdorn (*Pyracantha coccinea*), Forsythie (*Forsythia*-Arten), frühjahrsblühende Spiersträucher (*Spiraea*-Arten), Hartriegel (*Cornus*-Arten), Japanische Scheinquitte (*Chaenomeles*-Arten), Kolkwitzie (*Kolkwitzia amabilis*), Liebesperlenstrauch/Schönfrucht (*Callicarpa bodinieri*), Maiblumenstrauch (*Deutzia*-Arten), Weigelie (*Weigelia*-Hybride)

Der richtige Schnitt

Die Sträucher in dieser Gruppe treiben in der Regel mit vielen Bodentrieben aus. Im zweiten Standjahr enthält der Strauch ein und zwei Jahre alte Triebe. Einen Teil der zweijährigen Triebe schneiden wir jedes Frühjahr nach der Blüte bodeneben ab. Die einjährigen Triebe verzweigen und blühen nächstes Frühjahr, neue Bodentriebe wachsen nach und blühen einjährig. Diese Mischung garantiert uns jedes Jahr eine üppige Blütenpracht. Außerdem begrenzen wir mit diesen regelmäßigen, wenigen Schnitten auch die Höhe und Breite des Strauches. Soll ein alter Strauch verjüngt werden, entfernen wir etwa ein Drittel bis die Hälfte der ältesten Äste so nah wie möglich am Boden. Soweit die Wurzeln noch gesund sind, treibt der Strauch in der Folge sehr viele neue Jahrestriebe. Im nächsten Frühjahr entfernen Sie etwa die Hälfte der neuen Jahrestriebe und weitere alte Äste. Das wird Jahr für Jahr so lange fortgesetzt, bis der Strauch nur noch aus ein- und zweijährigen Trieben besteht. Die Verjüngung eines alten Strauches findet also über einen Zeitraum von drei bis vier Jahren statt.

Der häufigste Schnittfehler ist…

…, dass alle Zweige im Winter auf halber Höhe abgeschnitten werden. Durch diese Schnittmethode bringen wir uns um die Blütenpracht aller ein- und zweijährigen Triebe. An der Rückschnittebene wird der Strauch immer dichter. Aus Lichtmangel sterben daher alle darunter stehenden Zweige ab und es wachsen auch keine neuen Bodentriebe nach.

Liebesperlenstrauch und **Feuerdorn** zieren weniger mit ihren Blüten als mit den Früchten. Die einjährigen Langtriebe tragen bei beiden Arten keine Früchte. Geht der Trieb in das zweite Jahr, bildet er im Frühjahr Seitentriebe, die im Sommer Früchte tragen. Im Frühjahr schneiden wir vor dem Austrieb die Frucht tragenden Triebe heraus. Behalten wir diesen Rhythmus jährlich bei, setzt sich die Strauchkrone, wie bei den Blütensträuchern, immer aus einjährigen Langtrieben und seitenverzweigten, Frucht tragenden Ästen des zweiten Jahres zusammen.

IV. SCHNITT-TYP ZAUBERNUSS

Umfasst Sträucher, die ein dauerhaftes Astgerüst behalten und kaum geschnitten werden.

Im „Schnitt-Typ Zaubernuss" fassen wir Sträucher zusammen, die ihre Krone mit wenigen Ästen bilden. Sie verbleiben über viele Jahre im Strauch und werden nur bei Krankheit oder unpassender Stellung entfernt. Diese Grundäste sind stabil und senken sich nicht ab. In ihrer aufrechten Stellung entwickeln die Seitentriebe immer weit reichendere Verzweigungen. Die Blüten stehen wie beim Flieder am Ende jedes zugewachsenen Triebstückes oder verteilen sich wie bei der Zaubernuss über seine ganze Länge. Die Blütezeit liegt im Frühjahr oder Frühsommer.

Nur Korrekturen sind notwendig

Naturgemäß bringen diese Sträucher einen schönen, gleichmäßigen Wuchscharakter hervor. Wir beschränken uns bei dieser Gruppe deshalb auf einen leichten Korrekturschnitt und einen Verjüngungsschnitt. Stehen Haupttriebe oder Seitentriebe sehr dicht nebeneinander, können wir einen davon sogar komplett entfernen. Erscheint nach drei, vier Jahren ein neuer Trieb aus dem Wurzelstock, ist zu entscheiden, ob er einen alten Haupttrieb ersetzen soll oder selbst wieder entfernt wird.

Eine Frage des Platzes

Am häufigsten greifen wir zur Schere, wenn der Strauch für den ausgewählten Platz zu groß wird. Je mehr wir von der Krone wegschneiden, desto stärker wachsen die Äste nach. Deshalb bei Platzmangel eher mäßig, aber regelmäßig schneiden. Im vorderen Viertel oder Drittel der zu langen Äste lenken wir den Spitzentrieb jedes Frühjahr nach der Blüte auf einen geeigneten Seitentrieb um. Ein schwacher Rückschnitt hält das Wachstum ruhig – der Wuchscharakter des Strauches bleibt erhalten.

Ist ein Strauch zu hoch geworden,

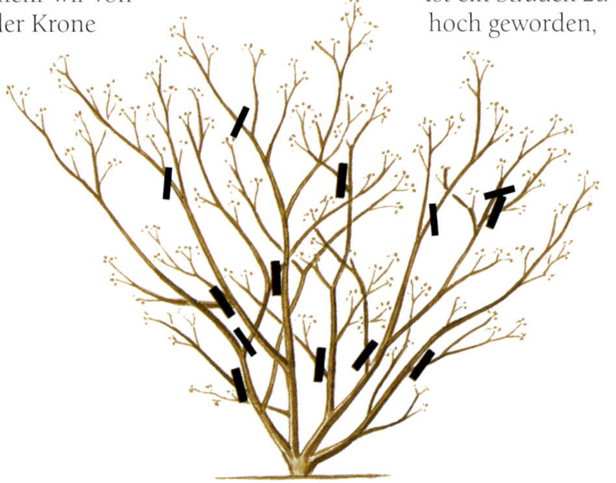

WELCHE STRÄUCHER GEHÖREN ZUM ZAUBERNUSSTYP?

Blumenhartriegel (*Cornus florida*), Chinesische Radspiere (*Exochorda racemosa*), Felsenbirne (*Amelanchier*-Arten), Flieder (*Syringa*-Arten), Hibiskus (*Hibiscus*-Arten), Japanischer Ahorn (*Acer japonicum*), Japanischer Hartriegel (*Cornus kousa*), Kirschlorbeer (*Prunus laurocerasus*), Kornelkirsche (*Cornus mas*), Magnolie (*Magnolia*-Arten), Perückenstrauch (*Cotinus coggygria*), Pyramidenhartriegel (*Cornus controversa*), Rhododendron (*Rhododendron*-Arten), Schneeball (*Viburnum*-Arten), Strauchkastanie (*Aesculus parviflora*), Zaubernuss (*Hamamelis*-Arten)

Kornelkirsche mit wenig Grundtrieben. Je seltener sie geschnitten wird, desto schöner wird sie.

kann man ihn radikal zurückschneiden und damit verjüngen. Die Grundäste werden im Januar/Februar bis auf Stummel von 40 bis 60 Zentimetern abgeschnitten. Während des Sommers wachsen sehr viele neue, lange, unverzweigte Triebe nach. Im zweiten Frühjahr werden diese Jahrestriebe ausgelichtet: Pro zurückgeschnittenem Haupttrieb bleiben zwei bis drei starke, neue Triebe mit gutem Abstand zueinander stehen, schwache oder eng stehende werden entfernt. Mit diesen Grundästen entwickelt sich dann über die nächsten Jahre wieder eine neue Krone. **Zaubernuss**, **Japanischer Ahorn** und **Blumenhartriegel** sind für einen radikalen Rückschnitt nicht geeignet.

Was tun mit den Samenständen?

Häufig taucht die Frage auf: Sind Samenstände bei **Flieder** und **Rhododendron** wegzuschneiden? Samenbildung verbraucht viel Energie zu einer Zeit, in der vom Strauch gleichzeitig neue Seitentriebe und Blütenknospen für das nächste Frühjahr gebildet werden. Schneiden Sie die Blüten direkt nach dem Verblühen ab, spart der Strauch Energie und kann besser Blüten für das nächste Frühjahr ansetzen. Warten Sie also nicht, bis die Samenstände braun sind.

Bei alten Sträuchern artet das Entfernen der abgeblühten Blüten in „Fleißarbeit" aus. Dann gilt es abzuwägen, und ich selbst entscheide mich meist, die Samenstände zu belassen.

Die Klettertrompete blüht im Sommer am Ende der Seitentriebe.

KLETTERPFLANZEN – STRÄUCHER MIT KLETTERHILFE

Kletterpflanzen könnten eigentlich auch in die Strauchgruppen eingereiht werden. Wegen ihres besonderen Wuchses und ihrer Verwendung stelle ich Ihnen den Schnitt der am häufigsten vorkommenden Klettergehölze jedoch in einer extra Gruppe vor. Kletterrosen finden Sie in der Rosengruppe (Seite 44 ff.) besprochen.
Grundsätzlich blüht jede Pflanze auch ohne Schnitt. Kletterpflanzen können aber so stark wuchern, dass Sie mit der Schere eine klare Richtung geben und die Größe halten müssen.

Blauregen und Klettertrompete

Das Spalier ist sowohl für den Blauregen als auch für die Klettertrompete eine überschaubare, gute Erziehungsform. Den Haupttrieb einer frisch gepflanzten Pflanze schneiden Sie etwa auf einen dreiviertel Meter oder um gut die Hälfte zurück. Alle weiteren Äste werden entfernt.
Im ersten Frühjahr treiben mehrere Knospen unterhalb des Schnittes aus. Der Austrieb der oberen Knospe ergibt die Verlängerung des Haupttriebes. Von den darunter stehenden Seitentrieben werden die beiden besten, ziemlich waagrecht stehenden Triebe als erstes Paar Spalierarme erhalten - alle anderen Austriebe werden entfernt.
Im zweiten Frühjahr wird die Stammverlängerung abermals um etwa die Hälfte gekürzt. Der Austrieb der obersten Knospe ergibt wieder die Stammverlängerung, die am besten geeigneten Seitentriebe ergeben das zweite, auch dritte Paar Spalierarme. In diesem Rhythmus wird bis zur letzten Etage weiter erzogen. Wesentlich ist, dass entlang des ganzen Haupttriebes gleichmäßig Seitentriebe abzweigen. Es können auch mehrere Haupttriebe gezogen werden.

KLETTERSTRATEGEN ...

..., die sich winden:
Blauregen/Glyzine (*Wisteria*-Arten), Geißblatt (*Lonicera*-Arten), Kiwi (*Actinidia*-Arten), Klettertrompete – teilweise auch Haftwurzeln – (*Campsis*-Arten), Pfeifenwinde (*Aristolochia macropylla*)

... mit Spross- und Blattranken:
Waldrebe (*Clematis*-Arten und -Sorten)

... mit Haftwurzeln:
Efeu (*Hedera*-Arten), Kletterhortensie (*Hydrangea petiolaris*), Kriechspindel (*Euonymus fortunei*), Wilder Wein (*Parthenocissus*-Arten)

... mit bedornten Spreiztrieben:
Kletterrosen (siehe Seite 44 ff.)

Blauregen: Blütenknospen am gekürzten Seitenast

Der Schnitt der Seitentriebe ...

... ist je nach Gehölzart verschieden. Die **Klettertrompete** blüht im Sommer. Bei ihr schneiden wir die Seitentriebe im Frühjahr auf drei bis vier Knospen zurück. Aus diesen wachsen lange Seitentriebe, die ab Juli am Ende Blütenbüschel bilden. Im nächsten Frühjahr werden diese abgeblühten Seitentriebe wieder auf Stummel mit drei, vier Knospen eingekürzt. Diesen Rhythmus behalten wir bei. Schneiden wir aus Versehen einen Stummel ganz weg, entwickeln sich an dieser Stelle auch keine blühenden Seitentriebe mehr.

Bei **Blauregen** kommt die Erziehung zum Spalier besonders schön zur Geltung. Blauregen blüht bereits im Frühjahr vor dem Laubaustrieb aus den ersten fünf bis zehn Knospen der Seitentriebe. Die Spitzen der Seitentriebe wachsen bis Herbst manchmal meterlang weiter und haben für die Blütenbildung keine Bedeutung. Schneiden Sie die meterlangen Triebe den Sommer über mehrmals zurück. Der endgültige Rückschnitt des Blauregens erfolgt dann im Frühjahr vor dem Austrieb auf 10 bis 25 Zentimeter lange Seitentriebstücke.

Triebe des Blauregens verschlingen sich und werden sehr stabil.

Blauregen: Seitentriebe auf Stummel gekürzt mit ausreichend Abstand dazwischen

VERSCHIEDENE CLEMATIS-ARTEN UND -SORTEN

Gruppe 1:

C. alpina , *C. montana* (jeweils mit Sorten); *C.-patens*–Hybriden: 'Dr. Ruppel', 'Nelly Moser' (Nachblüte), 'The President' u.a.

Gruppe 2:

C. jackmanii; *C. x jackmanii* 'Niobe'; *C. durandii; C. tangutica; C. texensis; C.-viticella*-Hybriden: 'Huldine', 'Ville de Lyon' u.a.

Gruppe 3:

C. lanuginosa 'Cassiopeia', 'Madame Le Coultre' u. a.

CLEMATIS – ARTEN UND SORTEN

Clematis unterscheiden wir nach ihrem Blühverhalten in drei Schnitt-Gruppen:

Gruppe 1

Umfasst starkwüchsige Wildarten und Zuchtsorten, die im Frühjahr an Trieben blühen, welche im Vorjahr gebildet wurden.

Diese Gruppe kann man über Jahre ungeschnitten lassen. Sie blühen im Frühjahr und entwickeln ohne Schnitt ein dichtes Astgewirr. Sie vertragen auch noch nach Jahren einen drastischen Rückschnitt in das wenig verzweigte, alte Holz - vorzugsweise nach der Blüte.

Bis Herbst wachsen viele neue Triebe, die im nächsten Frühjahr wieder blühen. Zwischen den beiden Extremen „Ungeschnitten" und „drastischer Rückschnitt" macht es Sinn, einen dritten Weg zu wählen: Schneiden Sie bei mäßig wachsenden Arten, wie *Clematis alpina*, die abgeblühten Seitentriebe im Mai/Juni auf zwei, drei Knospen zurück. Stark wachsende Sorten, wie *Clematis montana*, stutzen Sie in allen Trieben nach der Blüte um ein Drittel bis zur Hälfte.

Schneiden Sie die Clematis-Arten und -Sorten dieser Gruppe im Winter, verlieren diese alle Blütenknospen für die Blüte des nächsten Frühjahrs.

Gruppe 2

Umfasst Wildarten und -sorten, die im Sommer und Herbst ausschließlich auf jungen, in diesem Jahr gewachsenen Trieben blühen.

Die Anemonen-Waldrebe (*Clematis montana*) blüht im Frühjahr an Trieben vom Vorjahr.

Clematis x *durandii*: **Blütenfülle nach Frühjahrsschnitt**

Bei diesen Arten und Sorten schneiden Sie alle Triebe im Nachwinter, vor dem Austrieb, auf eine Länge von 30 bis 60 Zentimetern zurück. Es bilden sich neue, starke Langtriebe, an denen Blütenknospen entstehen, die sich von Sommer bis Herbst entfalten. Ohne Rückschnitt verkahlen die Pflanzen von unten her und die Blüte wird mit der Zeit spärlicher. Zur Gruppe gehören verholzende Clematis, wie *Clematis viticella*, halbstrauchartige, die im Winter mit ihrer oberen Triebhälfte teilweise zurückfrieren, wie *Clematis durandii*, und staudenartige Arten, wie *Clematis integrifolia*, die Sie bodeneben zurückschneiden.

Gruppe 3

Umfasst Sorten, die im Frühjahr auf vorjährigen Trieben blühen und im Sommer und Herbst des gleichen Jahres nochmals auf jungen, diesjährigen Trieben blühen.

Die Hauptblüte dieser Sorten sitzt wie bei Gruppe 1 im Frühjahr/Frühsommer an Zweigen des Vorjahres. In Gruppe 3 werden aber bereits ab Frühjahr zusätzlich neue Triebe gebildet, an denen sich das Blühen im Herbst in etwas geringerem Umfang fortsetzt. Schneiden Sie diese Gruppe **vor** dem ersten Blütenflor zurück, verschieben Sie die gesamte Blüte auf den Hochsommer. Schneiden Sie die Triebe **nach** der ersten Blüte zurück, behalten Sie die Hauptblüte im späten Frühjahr, verlängern und verstärken aber in warmen Klimagebieten die zweite Blütezeit des Hochsommers.

Clematis florida **'Sieboldii' friert gern zurück, diesjährige Langtriebe blühen.**

SELBSTHAFTER UND ANDERE WAND-BEGRÜNER

Efeu und **Jungfernrebe** sind die am meisten verbreiteten selbstkletternden Pflanzen. Ihr Laub ist sehr dekorativ, sie können aber auch alles überwuchern. Efeu, **Kriechspindel** und **Kletterhortensie** halten sich mit ihren Haftwurzeln, **Jungfernrebe** und **Engelmann-Wein** mit Haftscheiben an ihrer Unterlage fest. Jungen Trieben fällt es schwer, Halt zu finden. Sorgen Sie daher für eine ständige Wandberührung, indem Sie die Triebe unter einen Draht schieben oder an einen Stab binden.

Jungfernrebe: Hält sich mit Haftscheiben fest.

Jungfernrebe nur an intakten Wänden pflanzen.

Gefahren erkennen

Selbsthaftende Pflanzen sind als Wandbegrünung eine schnelle Lösung, aber sie bergen auch Gefahren. Die Haftwurzeln und sonstigen Haftorgane haben ausschließlich die Funktion, Triebe zu halten. Es sind also keine echten Wurzeln, die Wasser und Nährstoffe aufnehmen und damit die Oberfläche von Wand oder Mauer angreifen. Die stark wachsende Jungfernrebe kann am Haus aber Marki-

SELBSTHAFTENDE KLETTERPFLANZEN

Efeu (*Hedera*-Arten und -Sorten), Engelmann Wein (*Parthenocissus quinquefolia* 'Engelmannii'), Jungfernrebe (*Parthenocissus tricuspidata* 'Veitchii'), Kletterhortensie (*Hydrangea petiolaris*), Kriechspindel (*Euonymus fortunei*)

NICHT SELBSTHAFTENDE WANDBEGRÜNER

Fächerfelsenmispel (*Cotoneaster horizontalis*), Feuerdorn (*Pyracantha*-Arten), Mispeln (*Cotoneaster*-Arten), Scheinquitte (*Chenomeles*-Arten), Wilder Wein (*Parthenocissus quinquefolia*)

sen oder Außenrollläden außer Funktion setzen, indem sie in die Zwischenräume wächst. Das Eigengewicht der Wandbegrünung kann schadhafte Putze oder lockere Farbanstriche von der Wand ziehen. Bei Mauer- oder Putzrissen können Triebe einwachsen und die Schadstelle durch ihr Dickenwachstum sprengen. Deshalb schauen Sie vor der Pflanzung genau, ob die Wand für selbsthaftende Pflanzen geeignet ist. Berücksichtigen Sie auch, dass in der Regel **eine** Pflanze von Efeu, Jungfernrebe oder Kletterhortensie zum Begrünen auch für eine größere Wand ausreicht. Dem Breitenwachstum können Sie nachhelfen, indem Sie die Triebe junger Pflanzen fächerförmig an die Wand anlegen. Bei Bedarf kann der Rückschnitt während des ganzen Sommers erfolgen. Efeu, Jungfernrebe oder Kletterhortensien können in große Bäume hineinwachsen. Auch dort schaden sie nicht mit ihren Wurzeln, stören aber auf andere Weise: Bewachsene Stämme und Äste entwickeln unter dem dichten Laub keine neuen Triebe. Schadstellen des Baumes können zuwachsen und unentdeckt gefährlich werden.

Die passende Pflanze finden

Zur Begrünung von kleinen Flächen eignen sich **schwach wachsende, kleinblättrige Efeusorten** oder die **Kriechspindel**, besonders in ihren attraktiven weiß- und gelbgrünen Sorten.
Eine besondere Augenweide sind **Scheinquitten** mit ihren attraktiven Blüten und **Feuerdorn** oder **Felsenmispeln** mit ihrem Fruchtschmuck. Alle drei Arten blühen oder fruchten an den vorjährigen und an älteren Trieben. Binden Sie einige Haupttriebe mit Hilfe von Spanndrähten, flächig aufgelegtem Maschendraht oder Stäben fächerförmig an die Wand an. Diese Grundäste werden, wie zuvor beschrieben, als Spalier erzogen. Die waagrechten Seitenäste bleiben erhalten und begrünen die Fläche. Seitenäste, die von der Wand abstehen, schneiden Sie von Frühjahr an bis zum Ende des Sommers drei- bis viermal bis auf vier, fünf Blätter oder bis an die Blütenknospen bzw. Früchte zurück.

Felsenmispel (*Cotoneaster*) braucht anfangs eine Kletterhilfe.

Efeu: Haftwurzeln zerstören keine Wände.

Die Kartoffelrose hat eine sehr lange Blütezeit. Sie blüht an Seitentrieben und duftet intensiv.

ROSEN – BLÜTENFÜLLE DURCH DEN RICHTIGEN SCHNITT

EINMAL BLÜHENDE STRAUCH- UND WILDROSEN

Strauchrosen erreichen je nach Art und Sorte eine Höhe zwischen ein und vier Metern. Die Langtriebe bleiben im ersten Jahr ohne Blüte. Sie blühen erst an ihren Seitentrieben, die sich im nächsten Frühjahr bilden. Unter dem Gewicht der Seitentriebe, Blüten und Hagebutten senken sich die Triebe in Bögen ab. Gleichzeitig wachsen neue Langtriebe aus dem Wurzelstock nach, die sich ein Jahr später verzweigen und blühen. Etwas kürzere Langtriebe entstehen auch senkrecht auf den Bögen.
Mit zunehmendem Alter wird die Krone so dicht, dass keine neuen Triebe mehr nachwachsen und alte im Inneren absterben. Der Strauch vergreist. Mit dem Schnitt wollen wir das Wachstum neuer Langtriebe und Seitentriebe stärken.
Ab dem dritten oder vierten Frühjahr beginnen wir daher, den Strauch auszulichten und schneiden zwei, drei alte Triebe bodeneben ab. Von den nachwachsenden einjährigen Langtrieben entfernen Sie die schwachen

ROBUSTE WILDROSEN

Dünenrose (*Rosa pimpinellifolia*), Hundsrose (*Rosa canina*), Hechtrose (*Rosa glauca*), Kartoffelrose (*Rosa rugosa*), Vielblütige Rose (*Rosa multiflora)*, Zaunrose (*Rosa rubiginosa*) u.a.

ALTE, EINMAL BLÜHENDE STRAUCHROSEN

Sie stammen von den Damascena-, Centifolia-, Gallica- und Alba-Rosen-Arten ab. Robuste Sorten sind z.B.: Apothekerrose (*Rosa gallica* 'Officinalis'), 'Charles de Mills', 'Königin von Dänemark', 'Maiden's Blush', 'Pink Grootendorst' u.a.

und zu dicht stehenden Triebe. Sind uns die zwei und drei Jahre alten überhängenden Bogenäste zu ausladend, lenken wir sie auf einen der aufrecht stehenden Seitenäste um. Besonders lange Seitentriebe kürzen wir auf etwa 15 Zentimeter Länge ein - sie treiben dann wieder besser aus und entwickeln mehr Blüten. Bei allen Arten und Sorten, die Hagebutten tragen, sollten die abgeblühten Blüten auf keinen Fall abgeschnitten weden.

Einmal blühende Rosen...

... schließen mit ihrem Wachstum nach der Blüten- und Fruchtbildung ab. Die Zweige können bis zum Herbst gut ausreifen. Deshalb sind sie in der Regel frosthärter als die öfter blühenden Rosensorten. Einige alte, einmal blühende Sorten frieren jedoch gern in ihren Triebspitzen zurück. Schneiden Sie daher im Frühjahr alle erfrorenen Triebe bis in das gesunde Holz zurück. Gesundes Holz erkennen Sie an der grünen Rinde und dem weißen Mark. Vermeiden Sie es aber, die Langtriebe unnötig stark einzukürzen. Je schwächer der Rückschnitt durchgeführt wird, desto mehr kurze Seitentriebe mit reichem Blütenflor bilden sich.

Hundsrose: stark wachsend mit zweijährigen Trieben

Am Langtrieb der Hundsrose bildet sich Seitenholz mit Blüten.

Hagebutten am zweijährigen Seitenholz

Strauchrose 'Golden Wings' – ungefüllt, sehr gesund

Strauchrose: Zweige an gebogene Haselruten gebunden

ÖFTER BLÜHENDE STRAUCH- UND BODENDECKERROSEN

Im Gegensatz zur vorhergehenden Gruppe blühen diese Strauchrosen den Sommer über mindestens zweimal. Einige blühen auch durchgehend von Mai bis Oktober.
Die frühen Blüten entwickeln sich an Seitentrieben von vorjährigen Langtrieben. Spätere Blüten entstehen in den Spitzen starker Neutriebe, die bis zum Herbst ständig nachtreiben. Das Geheimnis des ausdauernden Nachblühens während des Sommers besteht im ständigen Ausschneiden der verwelkten Blüten: Schneiden Sie daher direkt unter den Blüten, schieben schnell neue Blütenknospen nach.
Im Allgemeinen erreichen die Sträucher ein bis zweieinhalb Meter Höhe. Im Frühjahr entfernen Sie alles abgestorbene Holz und kürzen die vorjährigen Langtriebe etwa um ein Drittel ein - schwache Triebe werden ganz entfernt. Die Seitentriebe der zwei- und dreijährigen Zweige schneiden Sie auf 10 bis 15 Zentimeter zurück. Bei voll entwickel-

Strauchrose 'Maigold' – bis zum Herbst nachblühend

Die Englische Rose 'Graham Thomas' ist robust, gefüllt blühend und stark duftend.

ÖFTER BLÜHENDE STRAUCH- UND BODENDECKERROSEN

Moderne Rosen: 'Angela' , 'Golden Wings', 'Lichtkönigin Lucia', 'Schneewittchen', 'Westerland' u.a.
Alte Rosen: 'La Reine Victoria', 'Souvenir de Malmaison', 'Zigeunerknabe' u.a.
Bodendeckerrosen: 'Heidefeuer', 'Heidetraum', 'Magic Meidiland', 'Schneekönigin', 'The Fairy' u.a.
Englische Rosen: 'Abraham Darby', 'Charles Austin', 'Graham Thomas', 'Heritage' u.a.

ten Sträuchern nehmen Sie ein oder zwei alte Äste ganz heraus.

Und noch mehr Blüten

Eine ganz andere Erziehung können wir in England lernen: Man verankert gebogene Haselnussruten im Boden, biegt die Langtriebe des Rosenstrauches kuppelförmig darüber und bindet sie an den Ruten fest. Entlang des Bogens treiben mehr Seitentriebe als bei einem aufrechten Zweig aus, mit dem Ergebnis einer größeren Blütenfülle. Versuchen Sie diese Methode bei **Englischen Rosen** und **starkwüchsigen alten Rosensorten** anzuwenden.
Öfter blühende Strauchrosen entstammen den Bourbon-, China- und Remontant-Rosen. Außerdem schließen sie moderne Sorten, Englische Rosen und Bodendeckerrosen ein.
Englische Rosen ist ein fester Begriff für moderne Züchtungen des Engländers David Austin. Seit den 70er Jahren bringt er Sorten auf den Markt, die den Charme alter Rosen mit den Vorzügen moderner Sorten verbinden. Sie sind meistens pastellfarbig, dicht gefüllt, intensiv duftend, blühen öfter und sind relativ robust.

Strauchrose 'Angela': sehr robust, lockerer Wuchs

Rambler-Rose an Bogengerüst mit blühenden Seitentrieben.

KLETTERROSEN – RAMBLER

Rambler haben im Unterschied zu modernen Kletterrosen (Climber) sehr viele lange, eher dünne Triebe, die gut biegsam sind. Ihre Blüten sind meistens kleiner und stehen in Büscheln zusammen. Sorten, wie 'Super Dorothy' oder 'Super Excelsa' blühen zweimal, alle anderen einmal.

Rambler sind mit vier, sechs auch zehn Metern Höhe sehr stark wüchsig. Vom Boden aus bilden Sie jedes Frühjahr neue Langtriebe, die erst im zweiten Jahr an den Seitentrieben blühen. Manchmal erscheinen Seitentriebe schon im ersten Jahr, kommen aber im Spätsommer nicht mehr zur Blüte.

Im Idealfall schneiden Sie jedes Frühjahr die abgeblühten zweijährigen Triebe heraus und ersetzen Sie so durch einjährige. Bei diesem regelmäßigen Umtrieb hält sich auch das Astgewirr in Grenzen. Möchten Sie einen volleren Strauch erzielen, bleiben zwei- und dreijährige Äste erhalten. Schneiden Sie jedoch im Frühjahr die Seitentriebe der Rose auf 10 bis 15 Zentimeter zurück, regt das ihren Zuwachs und ihre Blütenfülle an.

Traumhafte Rosenbögen

Rambler-Rosen sind für große Wände, lange Zäune, stabile Bögen oder Pergolen geeignet. Werden die Haupttriebe an ihrem Platz zu hoch, kürzen Sie diese auf ihre Wunschhöhe ein. Unterhalb der Schnittstelle entstehen neue Seitenzweige, die im Sommer blühen. Wenig Rückschnitt bringt viele, kürzere und blütenreichere Seitentriebe. Starkem Rückschnitt folgen wenige, starke Seitentriebe, die fast zu Langtrieben auswachsen und einen schwachen Blütenbesatz haben. An einem Rosenbogen ist das stärkste Triebwachstum im Bogen selbst. Entsteht dort ein dichtes Astgewirr, lichten Sie dieses aus. Nehmen Sie im Frühjahr ein Drittel oder sogar die Hälfte der Seitentriebe ganz heraus. Verbleibende werden etwa auf 15 Zentimeter eingekürzt und nach Bedarf im Sommer, nach Abschluss der Blüte, nachgeschnitten. Der end-

Rambler-Rose 'Felicite et Perpetue', duftend

KLETTERNDE ROSENSORTEN – RAMBLER

'Albertine', 'Apple Blossom', 'Bobby James', 'Lykkefund', 'Maria Lisa', 'Super Dorothy', 'Super Excelsa', 'Veilchenblau' u. a.

gültige Rückschnitt erfolgt dann im Frühjahr wieder auf etwa 15 bis 20 Zentimeter Länge.

Die langen und biegsamen Zweige der Rambler-Rosen eignen sich auch ganz besonders, sie spiralig oder in Schlangenlinien an Bögen und Wänden hoch zu führen. In jedem Bogen wird der Saftfluss gestaut und der Austrieb von blühenden Seitentrieben gefördert. Der romantische Charakter der Rambler-Rosen kommt besonders gut zur Geltung, wenn sie in Bäume einwachsen oder von Böschungen herunterfallen können. Bei diesen Verwendungsarten empfehle ich, sehr extensiv zu schneiden: Krankes und abgestorbenes Holz herauszunehmen und alle paar Jahre einzelne Äste am Boden abzuschneiden und sie vorsichtig aus dem Baum herauszuziehen.

Dem Verkahlen vorbeugen

Wenn Kletterrosen von unten her verkahlen, führen zwei Wege zu neuer Seitenverzweigung:

Rambler-Rose 'Albertine': starkwüchsig, duftend

1. Weg: Sie schneiden einen einjährigen Langtrieb im Frühjahr auf entsprechende Höhe zurück. Unterhalb der Schnittstelle entstehen die gewünschten Seitentriebe.

2. Weg: Sie biegen einen Langtrieb auf der gewünschten Höhe zu einem Bogen. Im Scheitel des Bogens entstehen auf diese Art und Weise aufrechte Seitentriebe. Binden Sie dann den Langtrieb später wieder senkrecht hoch, stehen die Seitentriebe an der richtigen Stelle in waagrechter Position.

MODERNE KLETTER-ROSEN – CLIMBER

Climber erreichen Wuchshöhen zwischen zwei und vier Metern. Ihre Triebe sind dicker, starrer, steifer und wesentlich dorniger als die der Rambler-Rosen. Climber-Rosen können Sie an Mauern, Bögen und Zäune pflanzen. An Dreibeinen aus Holzpfählen oder an Metallrahmen gezogen können sie aber auch mitten im Staudenbeet ein Blickfang sein.

Langtriebe waagrecht oder in Bögen binden, dies regt die Seitentriebbildung an.

Kletterrose 'Bobby James'

Die Blühphase verlängern

Unsere modernen Kletterrosen entwickeln ihre größte Blütenfülle an den kurzen Seitentrieben, die aus Langtrieben des letzten Jahres wachsen. Schneiden wir die Blüten direkt nach dem Verblühen ab, treiben schnell neue durch und die Blühphase verlängert sich deutlich. Im Spätsommer gibt es bei den meisten Sorten eine zweite Blütezeit. Dann sind die diesjährigen Langtriebe so weit entwickelt, dass sie am Ende Blütenbüschel bilden. Für weitere Seitentriebe reicht vor allem in kühleren Lagen die Zeit nicht mehr. Im Frühjahr werden die Langtriebe unterhalb der verblühten Blütenbüschel vom letzten Sommer abgeschnitten. Bis zum Juni bilden sich Seitentriebe und ein erster Blütenflor. Gleichzeitig wachsen neue Jungtriebe, die wieder eine zweite Blütezeit im Spätsommer vorbereiten.

Bei modernen Strauchrosen entwickeln sich die Langtriebe selten direkt aus der Strauchbasis. Sie entstehen in der Regel weiter oben aus dem Holz der älteren Äste. Die Kletterrose sollte immer eine Mischung aus einjährigen und mehrjährigen Trieben enthalten. Einen ausgewachsenen Rosenstock schneiden Sie im Frühjahr in drei Schritten:

1. Schritt: Alle zwei, drei Jahre entfernen Sie einen alten Ast an der Basis.

2. Schritt: Einen Teil der mehrjährigen Äste verjüngen Sie jährlich. Dazu lenken Sie einen Ast auf einen starken Langtrieb um, der aus der unteren Asthälfte entspringt.

3. Schritt: Einen Teil der älteren Äste belassen Sie in voller Länge. Die Seitentriebe, die im letzten Sommer geblüht haben, kürzen Sie auf etwa 15 bis 20 Zentimeter ein. Stehen am Bogen oder in der Strauchspitze zu viele Äste dicht beieinander, lichten Sie diese aus und schneiden einige Seitenäste ganz heraus.

Verkahlen – nein Danke!

Auch Climber-Rosen verkahlen gern in den unteren Astbereichen. Kürzen Sie einen jungen Langtrieb auf der Höhe der gewünschten Seitentriebe ein, oder binden Sie den Trieb waagrecht. Beide Methoden bewirken im Langtrieb einen Saftstau, regen Seitentriebe und in der Folge die Blütenbildung an.

Anbinden erwünscht

An Wänden, Bögen und Gerüsten halten sich Kletterrosen nicht von allein. Wählen Sie zum Anbinden dicke Bindfäden oder eine weiche Schnur. Dünne Drähte oder Nylonfäden können sich innerhalb eines Sommers in die Triebe einschneiden und diese abbrechen lassen. An Wänden erziehen Sie eine Kletterrose am besten fächerförmig. Bespannen Sie die Wand waagrecht mit Drähten mit je einem halben Meter Abstand. Entfernen Sie nun die Triebe, die hinter den Drähten hoch wachsen - sie sind in ihrer Stellung kaum veränderbar und lassen sich schwer in das Astgerüst einfügen.

KLETTERNDE ROSENSORTEN – CLIMBER

'Goldstern', 'Lawinia', 'New Dawn', 'Rosana', 'Rosarium Uetersen', 'Santana' u.a.

TIPP: Schlingen Sie beim Anbinden der Triebe den Faden zunächst doppelt um den Haltedraht oder das Gerüst und machen Sie anschließend einen Knoten. Danach erst fassen Sie den Trieb und verknoten nochmals. Der Knoten zwischen Draht und Trieb verhindert das Verrutschen und Aufscheuern des Triebes. Diese Methode können Sie bei allen Kletterpflanzen anwenden.

Wildtriebe

Wildtriebe gehen von der Unterlage aus, auf der die meisten Rosen veredelt sind. Sie entwickeln sich direkt unter der Veredlungsstelle oder kommen aus dem weit verzweigten Wurzelstock. Reißen Sie die Wildtriebe heraus oder schneiden Sie diese regelmäßig bodeneben ab.

Die Climber-Rose 'Lawinia' blüht stark duftend an Lang- und Seitentrieben

Beetrose 'Stadt Eltville'

EDEL-, BEET- UND STAMMROSEN

Mit Edel- und Beetrosen fasse ich die Sorten zusammen, welche mit einer Wuchshöhe zwischen einem halben und einem Meter deutlich niedriger als Strauch- und Kletterrosen sind. Ich nenne sie Buschrosen.

Der optimale Schnitt

Edelrosen haben große, eher einzeln stehende Blüten. Die Blüten von Beetrosen sind etwas kleiner, weniger elegant und stehen in großen Büscheln zusammen. Alle Sorten tragen ihre Blüten am Ende starker, diesjähriger Triebe. Durch den Schnitt im Frühjahr können Sie den Austrieb vieler starker Triebe fördern. Bei voll entwickelten Pflanzen schneiden Sie nach allen starken Frösten ein oder

TRAUMHAFTE EDELROSEN-SORTEN

'Aachener Dom', 'Banzai 83', 'Berolina', 'Elina', 'Gloria Dei' u.a.

ROBUSTE BEET- UND FLORIBUNDAROSEN-SORTEN

'Bonica 82', 'IGA 83 München', 'Play Rose', 'Schöne Dortmunderin' u.a.

Edelrose 'Gloria Dei' in ihrer gelben Pracht

Schnittführung: immer schräg, direkt über Knospe

zwei alte Äste und alle dünnen Triebe an der Basis ganz heraus. Alle anderen Triebe werden auf 10 bis 20 Zentimeter oder drei bis fünf Knospen zurückgeschnitten. Dabei kürzen Sie schwache Triebe stärker als kräftige. Schneiden Sie die Triebe schräg, direkt über einer Knospe ab. Sie sollte in die Richtung zeigen, in der Neuaustrieb erwünscht ist. Entfernen Sie alles kranke und abgestorbene Holz.

Mit Beginn der Blütezeit...

...sind die verwelkten Einzelblüten der Edelrosen und die gesamten Blütenstände der Beetrosen regelmäßig abzuschneiden. Gehen Sie bis auf die erste „gute" Knospe oder den ersten starken Seitentrieb unterhalb der Blüten zurück.

Im Herbst wird nicht ausgereiftes Holz vorbeugend herausgeschnitten und die Haupttriebe für einen ordentlicheren Anblick um etwa ein Drittel eingekürzt.

Hochstammrose mit Strauchrose 'Schneewittchen'

Für rauere Lagen gilt, dass ungeschnittene Rosen frosthärter bleiben und etwas besser durch den Winter kommen.

Stammrosen

Bei Hochstämmchen werden Rosensorten auf einen Hochstamm-Wildling zwischen 50 und 120 Zentimetern Höhe veredelt. Zur Veredelung können sowohl Edel-, Beet-, Bodendecker- als auch Kletterrosen verwendet werden. Der Schnitt ist in den jeweiligen Gruppen erklärt.

HECKEN – DER REGELMÄSSIGE SCHNITT MACHT'S

Die typische Hecke besteht aus Bäumen oder Sträuchern einer Art. Sie sind hintereinander gepflanzt und durch Schnitt auf einheitliche Höhe und Breite gehalten. Hecken dienen meist als lebende Zäune, zur Einfassung von Beeten, als Raumteiler oder sie sind einfach sehr schöne Gestaltungselemente im Garten. Für **hohe Hecken** eignen sich besonders Buche, Hainbuche, Linde und Eibe, für **niedrigere** Liguster und Buchsbaum. Diese Arten sind von Natur aus dichter als andere und treiben nach einem Schnitt leicht und sicher, auch aus dem älterem Holz, aus.

Gerüste sind zum Schneiden sicherer als Leitern.

Geformte Hecken

Bei der Formhecke gilt: Je dichter desto schöner. Dichte entsteht durch Rückschnitt. Jeder angeschnittene Trieb reagiert mit dem Austrieb von zwei, drei, vier neuen Trieben. Jeder weitere Rückschnitt bringt diese höhere Triebzahl wieder zur Verzweigung.

Für ausgewachsene Hecken…

…ist ein Rückschnitt pro Jahr das Minimum und erbringt bei Eibe und Buchs schöne, dichte Hecken. Legen Sie den Schnittzeitpunkt am besten in die zweite Sommerhälfte, dann wachsen bis zum Herbst keine langen Triebe mehr nach. Bei gröber strukturierten Pflanzenarten, wie Buche und Hainbuche, benötigen Sie für eine ähnliche Dichte und Schönheit eher zwei Schnitte im Jahr, die Sie in die erste (Juni) und zweite Sommerhälfte (Juli/August) legen.
Schneiden Sie sie stark zurück, so dass Sie bei jedem Rückschnitt bis auf ein, zwei Zentimeter an die letzte Schnittebene heran gehen. Damit wächst die Hecke nicht so schnell in die Breite. Ziehen wir Hecken senkrecht hoch, verschattet die untere Hälfte stärker und wird lückenhaft. Lassen Sie die Hecke nach oben etwas schmäler werden, bekommt sie über die Seitenflächen gleichmäßig viel Licht und hält die Zweigdichte auch in der unteren Hälfte besser. Sind Hecken oben waag-

Trapezform **senkrechte Seiten** **abgerundete Spitze**

Geformte Hecken mindestens einmal schneiden.

Weißdornhecke: Verkahlung durch zu wenig Rückschnitt

recht, drückt sie die Schneelast leicht auseinander. Auf abgerundeten oder spitz zulaufenden Hecken bleibt kaum Schnee liegen.

Alte Hecken verjüngen

Ist eine Hecke an ihrem Platz zu hoch und zu breit geworden, kann ein **radikaler Rückschnitt** helfen. Schneiden Sie eine Seite und die Decke bis zur Mitte der Hecke oder zum Mittelstamm zurück. Hat sich nach zwei Jahren langsam eine neue Verzweigung aufbaut, nehmen Sie die zweite Seite zurück. Nach vier Jahren haben Sie eine alte Hecke wieder auf ein junges, schlankes Astgerüst umgebaut. Hainbuchen- und Eibenhecken sind für diese Verjüngungsmethode sehr gut geeignet. Lebensbaum- und Scheinzypressenhecken überleben diesen radikalen Verjüngungsschnitt meistens nicht.

Eine schöne Basis

Ohne einen guten Pflanz- und Aufbauschnitt bleibt eine Hecke auch bei bester Pflege im unteren Teil lückenhaft. Wählen Sie eine Hecke z. B. aus Liguster oder Weißdorn, schneiden Sie nach dem Pflanzen alle Triebe um ein Drittel oder um die Hälfte zurück. Damit sich die Strauchbasis gut und stark verzweigt, setzen Sie den starken Rückschnitt im zweiten und dritten Jahr fort. Bei Buche und Hainbuche kürzen Sie Spitze und Seitenäste in den ersten Jahren den Sommer über ein- bis zweimal um ein Drittel oder die Hälfte ein. Bei

Eibe: Neutrieb nach Verjüngung

Nadelgehölzen, wie Lebensbaum oder Scheinzypressen, lassen Sie den Mitteltrieb ungekürzt auf die gewünschte Höhe wachsen. Die Seitentriebe schneiden Sie zurück, wie bei Laubholz.

Elektrische Heckenschere

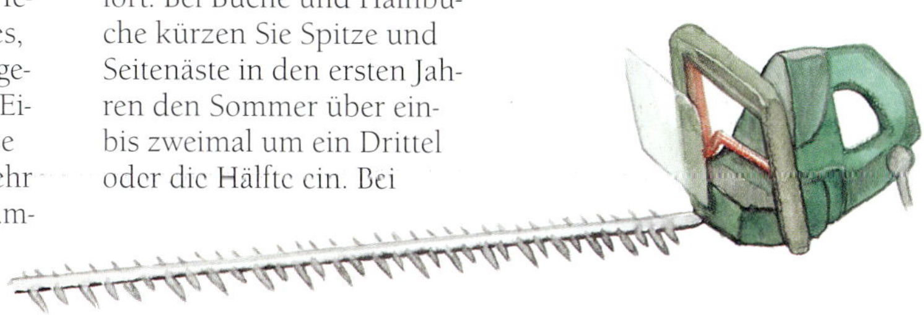

BUCHSBAUMHECKEN, LAUBEN UND CO.

Während geschnittene Hecken alle Gartenmoden zeitlos überstanden haben, erleben Buchsbaumhecken, Lauben und Laubengänge in den letzten Jahren eine Renaissance.

Pflegeleichter Buchsbaum

Dieses saftig grüne Gehölz hat wieder in zahlreiche Gärten Einzug gehalten. Buchsbaumhecken bleiben sogar mit einem Schnitt pro Jahr dicht und gut in Form. Schneiden Sie nach dem Austrieb zwischen Mai und Juli, wachsen bis zum Herbst neue Spitzen heraus und die Hecke ist im Winter sattgrün. Verschieben Sie den Schnitt in den Spätsommer oder Herbst, bestimmen zerschnittene, braun werdende Blätter über Winter den Anblick.

Für **hohe Buchshecken** bis zu 50 bis 60 Zentimetern Höhe ist die Sorte 'Handsworthiensis' zu empfehlen. Für niedrige Beeteinfassungen wählen Sie unbedingt die schwachwüchsige Sorte 'Suffruticosa'. Achten Sie bei **Beeteinfassungen** auf eine großzügige Wegbreite, denn eine Buchshecke ist im Alter 20 bis 30 Zentimeter breiter als bei der Pflanzung.

Ist der Weg zwischen alten Buchshecken fast zugewachsen, gibt es eine gute, wenn auch aufwendige Verjüngungsmethode: Sie graben den Buchs im Frühjahr mit Wurzeln aus und teilen die Pflanzen mittendurch. Dann kürzen Sie Wurzeln und Äste etwa auf die Hälfte ein und pflanzen neu.

Buchsbaumhecken in fantastischen Formen

GEHÖLZE FÜR LAUBEN UND LAUBENGÄNGE

Apfel-Sorten (*Malus*), Aprikosen-Sorten (*Prunus armeniaca* – lieben warmes Klima), Birnen-Sorten (Pyrus), Blutbuche (*Fagus sylvatica purpurea* – Sämlinge, keine Veredlungen), Goldregen (*Laburnum* x *watereri* 'Vossi'), Hainbuche (*Carpinus betulus*), Judasbaum (*Cercis ciliquastrum* – nur warmes Klima), Rotbuche (*Fagus sylvatica*)

Nostalgische Baumwände

Sie erinnern an historische Gärten, können aber ebenso ein interessantes Gestaltungselement in kleinen Gärten sein. Die Baumwand sieht wie eine Hecke auf astlosen Stämmen aus. In den ersten Jahren ist ihre Erziehung jedoch aufwendig. Viele Baumschulen bieten daher inzwischen vorbereitete Pflanzen an. Am besten geeignet sind Linden und Hainbuchen.

Der Bau einer Baumwand beginnt mit dem Gerüstbau. Ein stabiles Drahtgerüst reicht auf etwa drei Meter Höhe. Der untere Draht

Fantasievolles Weidengerüst zum Bewachsen mit Kletterpflanzen

beginnt bei 1,50 bis 1,80 Meter Höhe. Die weiteren Querdrähte verlaufen mit 30 bis 50 Zentimetern Abstand. Junge Linden oder Hainbuchenstämme werden mit 2,5 bis 3,5 Metern Abstand entlang des Gerüstes gepflanzt. Der Mitteltrieb wird nach oben geführt und jedes Jahr nur ein Paar Seitenäste pro Etage an die Querdrähte angebunden. Alle anderen Seitenäste werden im Frühjahr geduldet und im Spätsommer ganz herausgeschnitten. Hat der Mitteltrieb die gewünschte Endhöhe erreicht und sind die Seitentriebe in ihrer waagrechten Lage stabil, kann das Gerüst entfernt werden. In den Folgejahren wird die Baumwand wie eine Hecke behandelt und ein- bis zweimal zwischen Frühsommer und Spätsommer geschnitten.

Romantische Laubengänge

Diese sind eine Spielart der schon erwähnten Baumwände und im weiteren Sinne auch eine Art Wandbegrünung.
Entgegen den Kletterpflanzen sind die verwendeten Gehölze steif. Wir nutzen die Biegsamkeit von jungen Zweigen und binden diese an die Bögen eines festen Gerüstes aus Holz oder Metall. Die jungen Bäume werden dicht an das Gerüst gepflanzt und die Mitteltriebe zur Mitte der Laube oder des Laubenganges hin gezogen und fortlaufend angebunden. Die Seitentriebe werden nach Bedarf waagrecht an das Gerüst angebunden.
Alle Seitenzweige, die nach außen oder innen abstehen, schneiden Sie, vergleichbar dem Heckenschnitt, ein- bis zweimal im Jahr zurück. Je nachdem wie dicht das Laubdach werden soll, beträgt der Pflanzabstand zwischen einem halben und zwei Metern. Seien Sie bei den Abmessungen für die Gerüste von Lauben und Laubengängen großzügig. Ist der Laubengang etwa zweieinhalb Meter breit, kann er eine Höhe von drei Metern gut vertragen. Das Schneiden in großer Höhe kann gefährlich werden. Stellen Sie sich zwei Böcke auf und legen Bretter darüber. Diese Plattform ist sicherer als die schmalen Sprossen einer Leiter.

Klassischer Laubengang im Park: Hainbuchen an Holzgerüst in Bögen erzogen

Aus erwachsener Pflanze formen oder neu aufbauen

FORMSCHNITTE – DER FANTASIE FREIEN LAUF LASSEN

Formschnitt oder „Topiary" klingt im ersten Moment kompliziert und langwierig, ist aber eigentlich nur eine Weiterentwicklung des Schnittes und der Erziehung von Hecken. Gehölze werden zu auffallenden künstlichen Formen geschnitten, ob zu Fantasie-Skulpturen, Kegeln, Kugeln oder Würfeln, Vögeln oder gar zu Kaffeetassen.
Mit einer Formpflanze schafft man einen Blickfang. Zwei flankieren einen Eingang, mehrere säumen einen Weg. Einer langweiligen Hecke können Sie eine persönliche Note geben, indem Sie in deren oberen Teil Formschnitte einarbeiten. Es könnte eine Reihe Kugeln entstehen oder hier und da ein Vogel aufsitzen. Ich habe auch schon ganze Jagdszenen als Heckenabschluss gesehen. Auch ein buntes, üppiges Staudenbeet wird durch den Kontrast einer strengen Form sehr bereichert.

Geeignete Pflanzen

Für Formschnitte sind Pflanzenarten geeignet, die von Natur aus langsam und dicht wachsen. In unserem Klimaraum sind es vor allem **Eibe**, **Buchsbaum** und die **Immergrüne Heckenkirsche** (*Lonicera nitida*). Je nach Anspruch an Genauigkeit und Form schneiden Sie nach Augenmaß, mit Gerüst oder mit einfachen Schneidehilfen. Komplizierte Formen bleiben klar erkennbar, wenn Sie den Sommer über alle vier bis sechs Wochen nachschneiden.
In historischen Gartenanlagen sind oft gestochen scharfe Konturen erwünscht. Dann wird der Schnitt von Eibenfiguren auch schon mal dem Rhythmus des Rasenmähens angepasst – also wöchentlich!

Vom Mitteltrieb Fäden zur Schnitthilfe spannen

Tellerform

Die obenstehende Tellerform mit abgesetzten Stufen ist so eigenwillig, dass ich sie nach Augenmaß schneiden würde. Möchten Sie eine gleichmäßige Tellerbreite, befestigen Sie am Stamm eine Schnur und benutzen beides als Zirkel. Sie können diese Form aus einer **erwachsenen Pflanze** herausarbeiten. Ein Teil der Seitenäste wird bis zum Stamm entfernt, andere wie eine Hecke regelmäßig formiert. Fangen Sie mit einer **jungen Pflanze** an, erziehen Sie diese vergleichbar mit einem Spalier, nur das die Etagen

Buchsbaumkugeln: nach Augenmaß ein- bis zweimal im Jahr geschnitten

aus einem ganzen Bündel von Seitenästen bestehen. Diese Seitenäste werden wie bei einer Hecke regelmäßig geschnitten und gewinnen an Umfang und Dichte. Zu steil stehende Äste werden entfernt oder in die Waagrechte gebunden. Durch das Herausführen eines Mitteltriebes schaffen Sie immer wieder den Sprung in die nächste Astetage.

Kegel

Beim Gestalten von Kegeln helfen Ihnen Fäden, die wie in der Skizze links von einem Pfahl in der Mitte der Pflanze nach unten gespannt werden. Die gleiche Funktion erfüllt auch ein Dreibein aus Bambusstäben. Zwei, drei Jahre schneiden Sie die kleine Ausgangspflanze nach Augenmaß. Ab dem dritten Jahr stülpen Sie zum Formieren das Dreibein über die Pflanze. Ist die Form mit Trieben ausgefüllt, schneiden Sie nach Augenmaß weiter.

Obelisken

Einen kantigen Obelisken schneiden Sie in den ersten Jahren nach Augenmaß. Kurz vor der Endgröße überstellen Sie ihn mit einem Maschendrahtgerüst der gewünschten Form. Das Gerüst wird überwachsen und gibt ihnen immer die Ebene des Rückschnitts an. Die gleiche Methode können Sie auch bei Kegeln einsetzen.

Spiralen

Spiralen lassen sich am leichtesten aus fertigen Kegelformen herausarbeiten. Beginnen Sie mit einer jungen Pflanze, stecken Sie im Zentrum der Pflanze einen Stab in den Boden und winden Sie den Leittrieb spiralig darum. Wo es nötig ist, wird er am Stab festgebunden.

Würfel

Für exakte Kanten von Würfeln legen Sie die Wasserwaage an oder stellen Sie ein Brett an. Alles, was über das Brett hinaussteht, wird zurückgeschnitten.

Hochstämmchen

Nach der Pflanzung wird der Haupttrieb an einem Stab angebunden. Die Spitze ergibt fortlaufend die Stammverlängerung. Ist die Endhöhe erreicht, wird sie abgeschnitten. Aus den nachfolgenden Seitentrieben wird die gewünschte Form entwickelt. Wichtig ist, dass der Stamm während dem Aufbau Seitenäste behält. Diese fördern sein Dickenwachstum und seine Stabilität. Im Frühjahr werden Seitentriebe auf fünf bis sieben Zentimeter zurückgeschnitten und über Sommer mehrmals „entspitzt“. Erst im nächsten Frühjahr werden sie auf Astring abgeschnitten.

Prachtkugeln aus Forsythien geschnitten

Was	Wann	Was ist zu tun?
Klettertrompete (*Campsis*)	im Frühjahr	vor dem Austrieb jährlich die Seitentriebe einkürzen
Clematis Gruppe 1, z.B. *Clematis alpina, C. montana, C.*-Hybriden 'The President', Nelly Moser' u.a.	im Frühjahr und Frühsommer	nach der Blüte nach Bedarf einkürzen oder stark verjüngen
Clematis Gruppe 2, z.B. *Clematis durandii, C. integrifolia, C. jackmanii*-Hybriden 'Niobe', *C. tangutica, C. viticella* -Hybriden 'Huldine', 'Ville de Lyon'	im Frühjahr	vor dem Austrieb regelmäßig stark zurückschneiden
Clematis Gruppe 3, z.B. *Clematis lanuginosa-Hybriden* 'Cassiopeia', 'Madame Le Coultre'	im Frühjahr	nach der Blüte regelmäßig alte Triebe stark zurückschneiden
Einmal blühende Strauch- und Kletterrosen, z.B. 'Königin von Dänemark', 'Maiden's Blush', 'Maria Lisa', 'Veilchenblau'	im Frühjahr	vor dem Austrieb regelmäßig einen Teil der alten Triebe entfernen und die Seitentriebe einkürzen
Öfter blühende Strauch-, Bodendecker- und Kletterrosen, z.B. 'Lichtkönigin Lucia', 'New Dawn', 'Rosarium Uetersen', 'Westerland'	im Frühjahr im Sommer	vor dem Austrieb nach Bedarf ein bis zwei alte Äste entfernen und regelmäßig die Seitentriebe einkürzen regelmäßig verblühte Blüten entfernen
Beet- und Edelrosen, z.B. 'Aachener Dom', 'Bonica', 'Elina', 'IGA 83 München', 'Play Rose', 'Schöne Dortmunderin'	im Frühjahr im Sommer	vor dem Austrieb regelmäßig alle Triebe stark zurückschneiden regelmäßig verblühte Blüten entfernen
Geformte Hecken (stark wachsende), z.B. Hainbuche, Buche, Feldahorn	im Frühsommer im Sommer	regelmäßig die Neuaustriebe stark zurückschneiden (Juni) regelmäßig die zweiten Neuaustriebe stark zurückschneiden (Juli/Aug.)
Geformte Hecken (schwach wachsende), z.B. Buchsbaum, Eibe	im Sommer	regelmäßig die Neuaustriebe stark zurückschneiden (Juli/Aug.)
Formschnitte/Topiary	von Frühjahr bis Sommer	regelmäßig alle vier bis sechs Wochen die Neuaustriebe stark zurückschneiden

KOSMOS-BÜCHERTIPPS

Bischof, H.: Obstgehölze schneiden leichtgemacht. 1996.
Leufen, B.: Topiari, Formkunst leichtgemacht. 1998.
Markley, R.: Freude an Rosen. 1996.
Pap, R.: Feng-Shui – Harmonie im Garten. 2000.
Witt, R.: Ein Garten für Vögel. 1999.
Witt, R.: Wildsträucher und Wildrosen für den Garten. 1998.
Wolff, J. (Hrsg): Mit mein schöner Garten durchs Jahr. 2000.

BEZUGSQUELLEN

Geeignete Pflanzen, Schnittwerkzeuge und Zubehör bekommen Sie im örtlichen Fachhandel (Gärtnereien, Gartencenter, Baumärkte). Sie finden die Adressen in Ihrem Branchenfernsprechbuch. Am besten rufen Sie vorher an und fragen, ob die von Ihnen gewünschten Pflanzen oder Werkzeuge angeboten werden.
In einschlägigen Gartenzeitschriften können Sie sich über das Angebot von Pflanzenversendern und speziellen Anbietern, z. B. von Schnittwerkzeugen, informieren.

SCHNITTKURSE

Regional: Über Volkshochschulen, Kleingärtner- und Gartenbauvereine, Gartenbaumschulen, Gartenbauberatungsstellen der Landrats- und Landwirtschaftsämter und Landwirtschaftskammern.
Überregional: Bildungsstätte des deutschen Gartenbaus in Grünberg (Hessen), private Anbieter, Gartenakademien für Hobbygartenbau.

BAUMPFLEGE-ARBEITEN

Adressen kann man beziehen beim: Verband Garten-, Landschafts- und Sportplatzbau Baden-Württemberg e.V. in Leinfelden-Echterdingen (BaWü).

SCHAU- UND SICHTUNGSGÄRTEN

Übersicht in Taschenbuchform: Ronald Clark: Gärten – Ein Reiseführer zu privaten und öffentlichen Parks und Gärten in Deutschland (wird alle zwei Jahre aktualisiert).
Sichtungsgärten der Fachhochschulen und Universitäten für Gartenbau und Landespflege (Berlin, Dresden-Pillnitz, Erfurt, Freising, Hannover, Nürtingen, Osnabrück, Wiesbaden-Geisenheim).
Arboreten (Baum- und Strauchsammlungen): Arboretum Härle, Bonn-Oberkassel (Nordrhein-Westfalen); Arboretum Ellerhoop-Thiensen, Ellerhoop (Schleswig Holstein).
Botanische Gärten vieler Städte.
Bekannte Stadtparks mit Rosenpflanzungen und Gehölzvielfalt: Essen (Grugapark), Frankfurt (Palmengarten), Hannover (Park Herrenhausen), Kassel (Höhenpark Wilhelmshöhe mit Wildrosensammlung), Potsdam (Sanssouci), Stuttgart (Killesberg).
Rosengärten (Baden-Baden, Berlin, Coburg, Dortmund, Dresden, Erfurt, Glücksburg, Sangerhausen, Uetersen, Zweibrücken).
Insel Mainau

REGISTER

Fett gedrucke Seitenzahlen weisen auf Abbildungen hin.

BILDNACHWEIS

Mit **77 Farbfotos** von: GartenBildAgentur, Au/Hallertau (S. 1 M); Hansjörg Haas, Bleichheim (S. 27 u, 30 u, 37 re, 47); Heidrun Holzförster, Haslach (S. 5 ure, 7 beide, 13 ore, 13 u, 14 beide, 20, 23, 25 beide, 27 o, 28 beide, 35 drei, 37 li, 38 uli, 39 beide, 41 u, 42 ore, 42 ure, 43 oli, 44 oli, 46 o, 48 o, 50, 51 beide, 52, 53 beide, 55, 57 beide); Wolfgang Redeleit, Bienenbüttel (S. 12/13, 34, 49); Reinhard-Tierfoto, Heiligkreuzsteinach-Eiterbach (S. 1 li, 3, 16, 17 beide, 21 re, 22, 24, 30 o, 33, 36, 43 ure, 44 ure, 45, 46 u, 56, 58, 59, Nils Reinhard, Heiligkreuzsteinach-Eiterbach (S. 4/5, 18/19 Hintergund, 21 oli); Jutta Schneider/Michael Will, Malsburg (S. 41 o, 41 M); Silvestris Fotoservice/Bruckner, Kastl (S. 40); Silvestris Fotoservice/Bühler, Kastl (S. 38 ore, 48 u); Silvestris Fotoservice/Kehrer, Kastl (S. 6); Silvestris Fotoservice/ Rausch, Kastl (S. 2 o); Friedrich Strauß, Au/Hallertau (S. 1 re, 2 u, 5 ore, 42 oli).

Mit **32 Farbzeichnungen** von: Ruth Fritzsche, Parthenstein bei Grimma (S. 54 u); Reinhild Hofmann, Königsdorf (S. 18 drei, 19 o beide, 19 u, 50, 51); Wolfgang Lang, Grafenau-Döffingen (S. 8, 9 sechs, 10, 11 drei, 15 li, 19 M, 23, 26, 29, 31, 32, 49, 54 o, 57 beide); Horst Lünser, Berlin (S. 15 re).

IMPRESSUM

Umschlaggestaltung: Atelier Reichert, Stuttgart.
Umschlagvorderseite: Foto von Reinhard-Tierfoto; Zeichnung von Reinhild Hofmann.
Umschlagrückseite: Reinhard-Tierfoto (beide).
Klappe außen: Reinhard-Tierfoto.
Klappe innen: Alle sieben Zeichnungen von Wolfgang Lang.

Mit 82 Farbfotos, 40 Farbzeichnungen.
Gedruckt auf chlorfrei gebleichtem Papier.

Die Deutsche Bibliothek – CIP-Einheitsaufnahme
Ein Titelsatz für diese Publikation ist bei
Der Deutschen Bibliothek erhältlich

ISBN 3-440-08902-9
Lektorat: Christiane Theis
Grundlayout: Atelier Reichert, Stuttgart
Gestaltung: Guido Schlaich, München
Satz: Atelier Krohmer, Dettingen/Erms
Printed in Germany / Imprimé en Allemagne
Druck und Buchbinder: Westermann Druck Zwickau GmbH, Zwickau

Alle Angaben in diesem Buch sind sorgfältig geprüft und geben den neuesten Wissensstand bei der Veröffentlichung wieder. Da sich das Wissen aber laufend und in rascher Folge weiterentwickelt und vergrößert, muss jeder Anwender prüfen, ob die Angaben nicht durch neuere Erkenntnisse überholt sind. Dazu muss er zum Beispiel Beipackzettel lesen und genau befolgen, sowie Gebrauchsanweisungen und Gesetze beachten.

Extra

FACHBEGRIFFE SCHNELL NACHGESCHLAGEN

Astring: Die verdickte Stelle eines Triebes im Übergang von Stamm zu Trieb oder von Ast zu Ast.

Diesjähriger Trieb: Wächst in dem Jahr, in dem ich ihn betrachte.

Einjähriger Trieb: Ist in dem Jahr, in dem ich ihn betrachte, bereits ein Jahr alt, ist also im vorhergehenden Jahr gewachsen. Einjährige Triebe sind meistens > **Langtriebe**.

Einkürzen: Die Triebe werden in sich selbst abgeschnitten. Das Triebende ist dann die Schnittstelle.

Haupttrieb: Ist ursprünglich ein > **Langtrieb**, der dauerhaft in der Krone bleibt. Seine Seitentriebe werden immer wieder eingekürzt oder entfernt.

Hochstamm: Ein Baum, der nur einen Stamm hat. Der Stamm ist im unteren Teil astfrei geschnitten.

Kambium: Die Zellschicht unter der Rinde, welche Zellen durch Teilung vermehren kann.

Knospe: In der Knospe werden alle Zellen für einen neuen Trieb oder eine Blüte ausgebildet. Bei jedem Blatt steht eine Knospe.

Konkurrenztrieb: Starker, steiler Trieb aus der Knospe, die direkt unter der Spitzenknospe steht. Er ist fast so stark wie der Trieb aus der Spitzenknospe und konkurriert mit ihm um die Spitzenstellung.

Krone: Alle Triebe, Zweige, Äste eines Baumes oder eines Strauches zusammen.

Langtrieb: Triebe, die stark wachsen und je nach Gehölzart Längen zwischen einem halben und drei Metern erreichen. Sie sind unverzweigt und tragen in der Regel keine Blüten, Früchte oder Samen. Bei Sträuchern wachsen sie aus dem Wurzelstock oder aus der Veredlungsstelle heraus.

Mehrjähriger Trieb: Ist in dem Jahr, in dem ich ihn betrachte zwei Jahre alt oder älter. Es sind > **Langtriebe** mit > **Seitentrieben** und weiteren Unterverzweigungen.

Mitteltrieb: Bei Bäumen der Trieb in der Mitte, der am stärksten wächst und die Stammverlängerung bildet.

Seitentriebe: Triebe, die aus den Knospen eines > **Langtriebes** herauswachsen. Seitentriebe sind kürzer als Langtriebe und tragen meistens Blüten, Früchte oder Samen.

Umlenken: Zu lange Triebe werden so geschnitten, dass ein seitlich abgehender Trieb das neue Triebende bildet. Er wird auf den seitlichen Trieb umgelenkt.

Verkahlen: Baum- und Strauchkronen sind nur noch in der Peripherie grün. Die Knospen im Kroneninneren treiben wegen Lichtmangel nicht mehr aus.

Zweijähriger Trieb: Ist in dem Jahr, in dem ich ihn betrachte, bereits zwei Jahre alt. Es ist meistens ein > **Langtrieb** mit Seitenverzweigung.

Extra

HÄUFIGE SCHNITTFEHLER LEICHT BEHOBEN

Die Fehler	Die Lösungen
Ballhortensien werden im Frühjahr stark zurückgeschnitten.	Mit jedem Rückschnitt entfernen Sie Blütenknospen, die im Sommer blühen würden. Bei zu großen Pflanzen in einem Jahr nur die Hälfte der Triebe entfernen, im nächsten die andere Hälfte.
Bäume werden auf kurze Stummel der Hauptäste abgesägt.	Wenn Bäume zu hoch sind, kürzen wir Zweige besser regelmäßig alle drei, vier Jahre nur im äußeren Kronenbereich ein.
Buchsbaum und andere immergrüne Hecken, wie Kirschlorbeer und Eibe, werden im Herbst geschnitten.	Die Hecke sieht im Winter braun aus, weil viele verletzte Blätter abgestorben sind. Schneiden Sie besser im Frühjahr oder Frühsommer, dann sehen die Hecken über Winter frisch und grün aus.
Dicke Äste werden bereits im November abgeschnitten.	Wunden beginnen erst im Frühjahr zu überwallen. Schneiden Sie deshalb erst Ende Winter zurück.
Forsythien und andere frühjahrsblühende Sträucher werden kurz vor der Blüte stark zurückgeschnitten.	Sie entfernen damit einen großen Teil der Blütenknospen. Besser nach der Blüte einzelne, ältere Triebe bis zum Boden zurückschneiden.
Hängekätzchenweide bleiben drei, vier Jahre ungeschnitten.	Die Blüte wird immer spärlicher und im Kroneninneren sterben viele Äste ab. Schneiden Sie die abgeblühten Triebe nach der Blüte stark zurück.
Hecken werden in den ersten drei Jahren kaum geschnitten, um schnell auf die gewünschte Höhe zu kommen.	Die Hecken verzweigen zu wenig und sind in der unteren Hälfte lückenhaft. Bei jungen Hecken in den ersten Jahren besonders stark zurückschneiden.
Lavendel wird im Herbst in das alte, unverzweigte Holz zurückgeschnitten.	Die Pflanze stirbt ab. Schneiden Sie direkt nach der Blüte oder im Frühjahr innerhalb der belaubten Zone mäßig zurück.
Strauchrosen werden ähnlich der Beetrosen bis auf kurze Aststücke eingekürzt.	Lassen Sie bei Strauchrosen einige Triebe so lang wie möglich stehen, dann haben Sie im Frühsommer frühere Blüten und eine größere Blütenfülle.
Bei **Veredelungen**, wie Flieder, Korkenzieherhasel oder Rosen, werden die Wildtriebe nicht weggeschnitten.	Die veredelte Sorte wird stark geschwächt. Sobald die Wildtriebe austreiben, diese mit der Ansatzstelle ausreißen oder so tief wie möglich abschneiden.
Verwelkte Blüten werden erst zurückgeschnitten, wenn die Samenstände schon ausgebildet sind.	Möchten Sie das Wachstum von Trieben und neuen Blütenknospen, z. B. bei Flieder, Rhododendron oder Rosen fördern, schneiden Sie die Blütenstände sofort nach dem Verblühen ab